Klenner
Chinas Finanz- und Währungspolitik
nach der Asienkrise

Zukunft der Sozialen Marktwirtschaft
Herausgegeben von der Ludwig-Erhard-Stiftung e.V.

Bd. 6

Die Ludwig-Erhard-Stiftung ist 1967 von Altbundeskanzler Prof. Dr. Ludwig Erhard gegründet worden, um freiheitliche Grundsätze in Politik und Wirtschaft zu fördern. Ihre Arbeit wird von der Heinz Nixdorf Stiftung unterstützt.

Die Schriftenreihe der Ludwig-Erhard-Stiftung, „Zukunft der Sozialen Marktwirtschaft", soll Orientierungshilfen und Handlungsempfehlungen geben. Sie wendet sich gleichermaßen an die praktische Politik wie an politisch interessierte Leser.

Wolfgang Klenner

Chinas Finanz- und Währungspolitik nach der Asienkrise

Bilanz und Perspektiven der Reformpolitik

Anschriften:

Prof. Dr. Wolfgang Klenner
Ruhr-Universität Bochum
Fakultät für Ostasienwissenschaften
Sektion Wirtschaft Ostasiens
Universitätsstr. 150
44780 Bochum

Ludwig-Erhard-Stiftung
Johanniterstr. 8
53113 Bonn

Redaktion: Philipp Wolter

Bibliografische Information der Deutschen Bibliothek

Die Deutsche Bibliothek verzeichnet diese Publikation in der Deutschen Nationalbibliografie; detaillierte bibliografische Daten sind im Internet über http://dnb.ddb.de abrufbar

ISBN 3-8282-0348-5

© Lucius & Lucius Verlagsgesellschaft mbH, Stuttgart 2006
Gerokstr. 51, D-70184 Stuttgart
www.luciusverlag.com

Das Werk einschließlich aller seiner Teile ist urheberrechtlich geschützt. Jede Verwertung außerhalb der engen Grenzen des Urheberrechtsgesetzes ist ohne Zustimmung des Verlages unzulässig und strafbar. Das gilt insbesondere für Vervielfältigung, Übersetzungen, Mikroverfilmungen und die Einspeicherung, Verarbeitung und Übermittlung in elektronischen Systemen.

Druck und Einband: Druckhaus Thomas Müntzer, Bad Langensalza
Printed in Germany

Inhalt

I Einleitung und Überblick 9

II Stabilität während der Asienkrise 13

   1 Ausbreitung der Krise in Ost- und Südasien
      und Krisenursachen 14

      1.1 Ausbreitung der Krise 14

      1.2 Krisenursachen 16

   2 Krisenimmunität Chinas 20

      2.1 Reformen
           in der zweiten Hälfte der 1990er Jahre 21

           a) Planelemente 22

           b) Marktelemente 24

      2.2 Stabilisierende Systemelemente
           und chinaspezifische Merkmale 26

           a) Stabilisierende Systemelemente 27

           b) Stabilisierende chinaspezifische
              und „asiatische" Merkmale 30

           c) Stabilisierende Wirtschaftsdynamik 34

III Reformen und Systemschwächen 37

   1 Ineffizienz und Widersprüche im Finanzsystem 39

      1.1 Bankenintermediation 39

           a) Widersprüchliche Finanzierungsmechanismen
              und ihre Folgen 41

           b) Unzureichende Entlastung der Geschäfts-
              banken durch Entwicklungsbanken 44

           c) Notleidende Kredite
              und sonstige Haushaltsschulden 49

  1.2 Kapitalmärkte 54
    a) Segmentierte Aktienmärkte 55
    b) Rudimentäre Anleihemärkte 58
 2 Inadäquate Regelungen im monetären Außenwirtschaftssystem 60
  2.1 Handelsliberalisierung, Erhöhung der Währungskonvertibilität und Wechselkursregime 61
  2.2 Kapitalverkehrskontrollen und Kapitalflucht 67
  2.3 Reglementierung versus Liberalisierung 71

IV Entwicklungen im Finanzbereich und weiterführende Reformen 77

 1 Bankendominierte versus kapitalmarktorientierte Entwicklung 77
 2 Konsolidierung des Bankensektors 81
  2.1 Zunehmende Unternehmensverschuldung nicht unbedingt ein Risikofaktor 81
  2.2 Kapitalinjektionen 84
  2.3 Forderungsübertragung auf Vermögensverwaltungsgesellschaften 85
  2.4 Verschärfte Überwachung der Kreditgeschäfte mit dem privaten Sektor 89
 3 Weiterentwicklung von Kapitalmärkten 92
  3.1 Aktienmärkte 92
  3.2 Anleihemärkte 93

V Entwicklungen im monetären Außenwirtschaftsbereich 97

 1 Umkehr illegaler Kapitalbewegungen 97
 2 Motive für illegale Kapitaltransfers nach China 99

3 Überlegungen zur Neukonzeption
des monetären Außenwirtschaftssystems 102

    3.1 Präferenzen für feste Wechselkurse 103

    3.2 Devisenreserven, Handelsströme
und Handelsüberschüsse 105

    3.3 Umstrittener Status quo 110

    3.4 Abstützende Maßnahmen
zur Beibehaltung des Status quo 112

VI Zusammenfassung und Fazit 115

  1 Ordnungspolitische Grundstrukturen 115

  2 Finanzbereich 117

  3 Monetäres Außenwirtschaftssystem 121

Literatur 123

I Einleitung und Überblick

Als China Ende der 1970er Jahre mit der Suche nach einer ordnungspolitischen Alternative zum planwirtschaftlichen System begann, schien Deutschlands Soziale Marktwirtschaft in besonderer Weise als Leitbild geeignet zu sein. Die Reformer meinten, dieses ordnungspolitische Konzept verknüpfe soziale Elemente, die der zumindest formell sozialistischen Führung unverzichtbar erschienen, mit Marktmechanismen, derer man nach drei Jahrzehnten staatswirtschaftlicher Rigiditäten dringend bedurfte. Ihnen schwebte ein Wirtschaftsmodell vor, das das Land in die Lage versetzen würde, die dynamischen Elemente einer Marktwirtschaft mit den stabilisierenden Mechanismen einer Planwirtschaft zu verbinden, ohne gleichzeitig deren Schwächen in Kauf nehmen zu müssen.

In jener Zeit war Chinas Planungskommission an wirtschaftspolitischen Gesprächen mit deutschen Ökonomen sehr interessiert. So hielt sich der Verfasser auf Einladung der Planungskommission mehrfach in China auf, um konzeptionelle Vorschläge zu konkreten ordnungs- und prozesspolitischen Fragen zu unterbreiten. Es ging unter anderem um die Gestaltung der Finanzbeziehungen zwischen Staat und Wirtschaft, um die geldpolitische Steuerung und um die Nutzung von Auslandskapital in Form von Auslandskrediten und ausländischen Direktinvestitionen.

Umgekehrt bereisten chinesische Fachleute auf der Suche nach ordnungspolitischen Leitbildern auch die Bundesrepublik. Hier beobachteten sie freilich, dass die soziale Fürsorge und der Anteil des Staates am Sozialprodukt großes Gewicht erhalten hatten. Die hohe staatliche Regelungsdichte erinnerte sie allzu sehr an Strukturen, die sie überwinden wollten. Man tendierte daher zu einem Paradigmenwechsel und konzentrierte sich in erster Linie darauf, Marktmechanismen herauszubilden. Hohe Wachstumsraten des Sozialproduktes erhielten höchste Priorität. Das überkommene System der staatlichen Fürsorge wurde auf rudimentäre soziale Leistungen reduziert; es ging nun hauptsächlich darum, das Wirtschaftswachstum nicht durch soziale Konflikte in Frage zu stellen. Auf diese Weise gelang es China, im internationalen Vergleich hervorragende Wachstumsraten und ähnliche Wirtschaftserfolge zu erzielen wie die asiatischen Nachbarländer, an denen sich China immer stärker orientierte.

Als aber bisher erfolgreiche Marktwirtschaften wie Südkorea, Thailand und Malaysia in der zweiten Hälfte der 1990er Jahre von der asiatischen Finanzkrise erfasst wurden und drastische Produktionsrückgänge, den Verlust von Millionen Arbeitsplätzen und den Verfall ihrer Währungen verzeichneten, waren Chinas Reformpolitiker verunsichert. Ihnen wurde vor Augen geführt, dass Reformmaßnahmen, die zur Erhöhung der wirtschaftlichen Dynamik beitragen, die Wirtschaft auch destabilisieren können.

Vor diesem Hintergrund besannen sich viele derjenigen, die Chinas Reformen bisher nur widerstrebend mitgetragen hatten, auf frühere wirtschaftspolitische Leitbilder. So hatte man sich in den 1960er und 1970er Jahren bewusst vom Weltmarkt abgekoppelt, um sich vor den für kapitalistische Volkswirtschaften als typisch angesehenen Krisenerscheinungen zu schützen. Bereits die so genannte sozialistische Transformation in den 1950er Jahren war (auch) von der Furcht vor Wirtschaftskrisen motiviert gewesen. Danach hatte man zwar sehr bald die Schwächen des planwirtschaftlichen Systems kennen gelernt. Man glaubte aber, diese akzeptieren zu müssen, um China vor strukturellen und regionalen Ungleichgewichten, vor Depression und wirtschaftlichem Chaos zu bewahren, wie es China in den 1930er und 1940er Jahren erlebt hatte.

Reformskeptiker fragten Ende der 1990er Jahre, ob es nicht riskant gewesen sei, das Land durch Einbindung in die Weltwirtschaft und Einführung marktwirtschaftlicher Elemente dem Risiko der Destabilisierung auszusetzen. Aber auch überzeugte Reformpolitiker erkannten, dass Reformmaßnahmen nicht zwangsläufig nur zur Erhöhung der wirtschaftlichen

Dynamik führen, sondern möglicherweise zur Etablierung einer Wirtschaftsordnung wie in den Nachbarländern, die ihre Stabilitätsprobe gerade nicht bestanden hatte.

Entgegen mancherorts gehegter Befürchtungen wurde China aber nur begrenzt von der Wirtschaftskrise seiner Nachbarländer in Mitleidenschaft gezogen. Die Wirtschaft erwies sich als verhältnismäßig robust, obwohl es viele Symptome aufwies, die die krisengeplagten Volkswirtschaften in seiner Nachbarschaft kennzeichneten. Es stellt sich daher die Frage, welche Systemelemente und sonstigen Voraussetzungen für die relative Stabilität Chinas verantwortlich waren. Hierauf soll im ersten Kapitel eine Antwort gegeben werden. Im Einzelnen werden dazu die Krisenmechanismen analysiert und die Gründe untersucht, weshalb diese in China nicht oder nur begrenzt zur Wirkung kamen.

Freilich wurde trotz der Krisenimmunität Handlungsbedarf im Finanzsystem und im monetären Außenwirtschaftssystem konstatiert. Die dort getroffenen Regelungen riefen derartige Widersprüche und Ungleichgewichte hervor, dass Chinas Wirtschaftsführung befürchtete, bei einer Weiterführung der Reformen und der damit verbundenen Beseitigung bisher stabilisierender planwirtschaftlicher Systemelemente ähnliche Fehlentwicklungen zu riskieren, wie sie in den damaligen Krisenländern zu beobachten waren. Hierauf wird im zweiten Kapitel eingegangen.

Unter stabilitätspolitischen Aspekten gab es die Option, das bestehende Wirtschaftssystem mit seinen Unzulänglichkeiten im Finanz- und Außenwirtschaftssystem, aber auch mit seinen stabilisierenden planwirtschaftlichen Elementen beizubehalten und auf die Einführung weiterer Marktmechanismen zu verzichten. Die andere Möglichkeit war, Reformen auf breiter Front fortzuführen, dabei aber möglichst Entwicklungen zu vermeiden, die in den Nachbarländern Krisen verursacht hatten.

Chinas Wirtschaftsführung entschied sich für die zweite Option. Seither bilden Finanzsystem und monetäres Außenwirtschaftssystem Schwerpunkte weiterführender Transformationsmaßnahmen. Die in diesem Zusammenhang zur Umgestaltung des Finanzbereichs ergriffenen Maßnahmen und die bisherigen Ergebnisse werden im dritten Kapitel beschrieben, Maßnahmen zur Weiterentwicklung des monetären Außenwirtschaftssystems und deren Resultate werden im vierten Kapitel untersucht. Im Schlussteil werden wichtige Ergebnisse zusammengefasst und Entwicklungstendenzen im Finanzbereich und in der Währungspolitik aufgezeigt.

II Stabilität während der Asienkrise

Um Chinas systemstabilisierende Elemente zu lokalisieren, wird ein kontrastierender Ansatz gewählt. Zunächst werden Krisenerscheinungen und Mechanismen untersucht, die im ost- und südostasiatischen Raum zur Ausbreitung der Krise führten. Danach wird der Frage nachgegangen, welche Merkmale des chinesischen Wirtschaftssystems verhinderten, dass auch China von der Krise betroffen wurde. Weil zu vermuten ist, dass Chinas Krisenimmunität zu einem wesentlichen Teil systembedingt war, wird unter Rückgriff auf eine vorherige Untersuchung des Verfassers zu Mischsystemtypen[1] der Stand der chinesischen Wirtschaftsreformen Mitte der 1990er Jahre dargestellt. Auf dieser Grundlage wird versucht, stabilisierende Systemelemente und sonstige relevante chinaspezifische Merkmale zu identifizieren.

---

1   Klenner (2000), S. 1 ff. In der zitierten Untersuchung werden drei „reine" Mischsystemtypen unterschieden: Marktmechanismen verbunden mit staatlichen Preis- und Mengenvorgaben nur für ausgewählte Güter, staatliche Investitionslenkung und Steuerung von Wirtschaftsprozessen allein durch staatliche Preisvorgaben, wie es z.B. im Modell des Konkurrenzsozialismus vorgesehen ist oder während der deutschen Kriegswirtschaft vorgeschlagen wurde. Im Rahmen dieser Mischsystemtypen werden Wirtschaftsprozesse simuliert und deren Funktionsfähigkeit u.a. auf Basis wohlfahrtsökonomischer Erwägungen, wettbewerbspolitischer Kriterien und genereller wirtschaftspolitischer Ziele beurteilt. Die erzielten Ergebnisse sind deswegen auch für China relevant, weil China im Laufe der ordnungspolitischen Transformation staatliche Aktionsparameter schrittweise in einzelwirtschaftliche Aktionsparameter umwandelt und dementsprechend Elemente dieser drei Mischsystemtypen aufweist.

1 Ausbreitung der Krise in Ost- und Südostasien und Krisenursachen

Die Finanzkrise von 1997 erfasste eine Wirtschaftsregion, deren Erfolge der Weltbank zuvor Anlass gegeben hatten, von einem asiatischen „Wirtschaftswunder" zu sprechen.[2] Stellungnahmen der Weltbank fallen ansonsten recht nüchtern aus. Es ist daher kaum verwunderlich, dass sich die meisten Analysen auf die Ursachen der hohen Wachstumsraten konzentrierten, die durchaus auch vorhandenen Schwachstellen dagegen nur wenig Beachtung fanden.

Umso mehr wurden Beobachter überrascht, als wirtschaftliche Schwierigkeiten, die zunächst nur in bestimmten Segmenten der thailändischen Wirtschaft auftraten, in kürzester Zeit die gesamte Volkswirtschaft ins Chaos stürzten und bald darauf – innerhalb von nur sechs Monaten – weitere ost- und südostasiatische Länder in einem nicht gekannten Ausmaß destabilisierten.[3]

1.1 Ausbreitung der Krise

Thailands Finanzkrise begann im Juli 1997, zu der Zeit, als Hongkong, die Musterregion für wirtschaftspolitisches Laisserfaire, an China übertragen wurde. Thailand hatte zuvor, nicht zuletzt von ausländischen Spekulanten angeheizt, einen unerhörten Wirtschaftsboom mit rasch steigenden Immobilien- und Aktienpreisen erlebt.[4] Als aber die wichtigsten Investoren ihre Zuversicht hinsichtlich der weiteren Preisentwicklung verloren und daher ihr kurzfristig angelegtes Kapital ins Ausland transferierten, hatte dies schwerwiegende Konsequenzen. Es

---

2 World Bank (1993).
3 International Monetary Fund (1999), S. 66 ff.
4 Krugman (1999), S. 435 ff.

kam zum Kursverfall an Aktienmärkten, zur Zahlungsunfähigkeit zahlreicher Unternehmen und zu einem erheblichen Druck auf den Außenwert der thailändischen Währung, des Bath. Thailands Zentralbank versuchte, die Währung durch den Verkauf ihrer Devisenreserven zu stützen. Innerhalb kürzester Zeit waren diese aber aufgebraucht. Danach sah man keine andere Möglichkeit, als den Wechselkurs freizugeben, woraufhin der Bath drastisch sank. Anhaltende wirtschaftliche Schwierigkeiten nährten die Erwartung, dass der Bath weiterhin an Wert verlieren würde. Die Folge waren zusätzliche Kapitalexporte. Um diesen entgegenzuwirken und Thailand als Anlageziel für Auslandskapital wieder attraktiv zu machen, erhöhte die Zentralbank die Zinsen. Die Zinssatzsteigerung führte aber nicht zum erhofften Erfolg, sondern schwächte zusätzlich die Binnenwirtschaft.

Nach nur wenigen Wochen breiteten sich die Krisenerscheinungen auf die Philippinen, Malaysia und Indonesien aus, vor allem, weil Investoren, verunsichert durch die plötzlichen Schwierigkeiten in Thailand, auch dort mit wirtschaftlichen Turbulenzen rechneten. Ein erheblicher Teil des nur kurzfristig zur Verfügung gestellten, aber häufig zur Finanzierung längerfristiger Vorhaben eingesetzten Auslandskapitals wurde abgezogen. Dies führte dort ebenfalls zum Absturz der Aktienkurse und zum Verfall der jeweiligen Währung.

Bald schwand das Vertrauen in Taiwans und schließlich sogar Hongkongs Wirtschaft. Hongkongs Währung war seit 1983 fest an den US-Dollar gebunden.[5] Diese Koppelung (Currency Board) hatte in der Vergangenheit nach Ansicht vieler Beobachter erheblich zur Stabilität und internationalen Attraktivität Hongkongs beigetragen.[6] Hongkongs Währungsbehörden zeigten sich daher fest entschlossen, am bewährten Wechselkurssystem festzuhalten. Dies hielt Währungsspekulanten gleichwohl

---

5   International Monetary Fund: IMF Survey, Vol. 33, No 4, 2004.
6   McKinnon (2001), S. 197 ff.

nicht davon ab, auf eine Abwertung des Hongkong-Dollars zu setzen. Sie zogen aus Hongkong innerhalb kurzer Zeit Kapital in erheblichem Umfang ab, um es später, nach Abwertung des Hongkong-Dollars, wieder dort anzulegen und beim Umtausch vom niedrigeren Kurs zu profitieren. Anders als in den anderen Ländern gingen solche Währungsspekulationen in Hongkong nicht auf. Der Hongkong-Dollar konnte stabil gehalten werden. Es kam aber auch dort zum Absturz des Aktienindex SET. In nur vier Handelstagen sank er um 24 Prozent.[7]

Als sich nicht einmal Hongkong als krisenresistent erwies, wurde in westlichen Industrieländern die Befürchtung geschürt, dass aus der zunächst regional begrenzten Krise eine die Weltaktienmärkte und schließlich die gesamte Weltwirtschaft in Mitleidenschaft ziehende Abwärtsbewegung werden könnte. Die Besorgnis nahm noch zu, als im November auch Südkorea, die elftgrößte Industrienation der Welt, ernsthafte wirtschaftliche Schwierigkeiten bekam und sogar einzelne japanische Finanzhäuser in Mitleidenschaft gerieten. Letztlich ließ sich die Krise auf die Länder des asiatischen Raums begrenzen.

1.2 Krisenursachen

All diese Entwicklungen fanden trotz hoher Sparquoten, eindrucksvoller Wachstumsraten des Sozialprodukts, gesunder Staatsfinanzen und einer beachtlichen Wirtschaftsdynamik statt.[8] Ihre Ursachen wurden deswegen kontrovers diskutiert.

Konsens besteht darüber, dass die Krisenursachen in der Einflussnahme von Politikern auf Investitionsentscheidungen, der Verwendung nur kurzfristig zur Verfügung gestellter Mittel zur Finanzierung längerfristiger Investitionsvorhaben und der weitgehenden Liberalisierung der Kapitalströme trotz unzurei-

---

7 Wong (1997), S. 2.
8 Yusuf (2001), S. 1 ff.

chend entwickelter Finanzmärkte und mangelhafter Finanzaufsicht zu finden sind. Als weiterer Grund wird generell die Ausschaltung des Wechselkursrisikos durch die enge Kopplung der Währung an den US-Dollar genannt, was hochspekulative internationale Kapitaltransaktionen erleichtert hat.

Weil die betreffenden Volkswirtschaften florierten, waren sie für Auslandskapital ein begehrtes Ziel. Kapitalzuflüsse führten zur Ausweitung der Geldmenge und tendenziell zur Senkung der Zinsen. Hierdurch wurden auf spekulativen Erwartungen beruhende Investitionstätigkeiten erleichtert. Immobilienpreise und Aktienwerte stiegen an. Erwartete Preissteigerungen führten zu zusätzlichen Kapitalzuflüssen. Als aber Zweifel auftraten, ob die immer höher geschraubten Gewinnerwartungen wirklich realisierbar wären, zogen, wie am Beispiel Thailands beschrieben, die an Spekulationsgewinnen interessierten Investoren, unter ihnen viele Ausländer, ihr Kapital ab. Ihnen schlossen sich bald Sparer an, die sich zuvor zwar nicht an der Spekulation beteiligt hatten, nun aber um ihre Ersparnisse fürchteten. Letztere verloren, in Dollar umgerechnet, rasch an Wert. Ein drohender Bankenkollaps nährte die Furcht vor einem weiteren Wertverfall. Unter diesen Umständen schien ein rascher Umtausch in Devisen die beste Möglichkeit zu sein, das Sparkapital vor einem weiteren Wertverfall zu bewahren.

In wichtigen Details weichen Beurteilungen der Krisenursachen indessen voneinander ab. So wurde die Krise von einigen Beobachtern, vor allem von denen, die zuvor bereits an der Tragfähigkeit des als „Wirtschaftswunder" deklarierten Aufschwungs gezweifelt hatten, für geradezu überfällig gehalten. Sie betrachteten die Krise vor allem als Folge unterlassener Strukturreformen. Nach dem Zusammenbruch der Finanzmärkte sahen sie die Gelegenheit gekommen, Versäumtes nachzuholen. Die rasche wirtschaftliche Erholung bewerteten sie negativ, weil notwendige Reformanstrengungen dadurch erlahmen könnten.

Häufig wird aber auch die Meinung geäußert, dass die Fehlentwicklungen durch ausländische Spekulanten zumindest verstärkt wurden. Amerikanische Hedge-Fonds, die über Mittel im Umfang von 300 bis 500 Milliarden US-Dollar verfügten, und Offshore-Institute könnten durch kurzfristige Kapitaltransfers unschwer ganze Volkswirtschaften destabilisieren.[9] Zudem hätten westliche Partnerländer den Krisenländern kaum Unterstützung gewährt, obwohl die schlimmsten Entwicklungen durch eine rechtzeitige und entschlossene Zusammenarbeit ohne weiteres hätten verhindert werden können.

Beispiele für eine gelungene Kooperation westlicher Kreditgeber mit Problemländern gäbe es durchaus, so die Unterstützung Südkoreas während der Lateinamerikakrise. Nachdem damals viele lateinamerikanische Länder in Schwierigkeiten geraten waren, traten auch Zweifel an der wirtschaftlichen Stabilität des hochverschuldeten Südkoreas auf. Südkorea versuchte, seine Wirtschaft im Rahmen eines von westlichen Partnern unterstützten schuldenfinanzierten Wachstumsprogramms (Growth-cum-Debt-Ansatz) zu entwickeln. Bevor Krisengerüchte Südkoreas privatwirtschaftliche Partner hätten verunsichern können, einigte man sich darauf, die Zahlungsfähigkeit Südkoreas sicherzustellen. Der Grund dafür sei wohl gewesen, dass Südkorea in jener Zeit noch als strategischer Partner des Westens bei der Eindämmung Chinas gegolten habe. Inzwischen, mit der Integration Chinas in die Weltwirtschaft, hätte aber das politische Interesse des Westens an der wirtschaftlichen und gesellschaftlichen Stabilität von Chinas Nachbarländern abgenommen. Man habe Asien daher mit den Problemen, die man zum Teil mitverursacht hätte, allein gelassen.

Ein ausgewogeneres Bild der Gründe für das wirtschaftliche Desaster wird wohl erst mit einigem zeitlichen Abstand gezeichnet werden. Einige wirtschaftspolitische Lehren freilich sind bereits heute unbestritten, auch bei denjenigen, die die Ursachen der ostasiatischen Finanzkrise weniger in Fehlern und Schwächen der Krisenländer als im Verhalten ausländischer

---

9   Huang Fanzhang/Xu Zhong (2000), S. 21.

Spekulanten sehen. Die Einbindung von Volkswirtschaften in die internationale Wirtschaft durch Liberalisierung von Handelsströmen und Kapitalströmen erfordert breit gefächerte und tief gegliederte, von einer effizienten Finanzaufsicht überwachte Finanzmärkte. Märkte müssen transparent sein, um Unternehmen und Banken ausreichende Informationen über die Risiken ihrer Investitionsentscheidungen zu geben.[10] Akteure dürfen Risiken nicht auf den Staat abwälzen können. Der Staat muss seinen Einfluss auf einzelwirtschaftliche Entscheidungen minimieren.[11]

Zur Wechselkurspolitik besteht dagegen keine einheitliche Position. Zumeist werden flexible Wechselkurse befürwortet, weil diese offenen Volkswirtschaften erlauben, eine an binnenwirtschaftlichen Zielen ausgerichtete Wirtschaftspolitik zu verfolgen. Es werden aber auch in einem System fester Wechselkurse Vorteile gesehen, nicht zuletzt auf Grund der Beobachtung, dass asiatische Volkswirtschaften ihr „Wirtschaftswunder" in einer Phase erlebten, als sie ihre Währungen eng an den US-Dollar gekoppelt hatten. Bemerkenswerterweise haben viele derjenigen Länder, die die Krise rasch überwanden, ihre Währung inzwischen wieder an den US-Dollar gebunden.[12]

Von der Krise profitierten einige wenige, vor allem diejenigen, die ihre Spekulationsgewinne rechtzeitig ins Ausland transferierten. Die Mehrheit der Bevölkerung hatte dagegen die Last der Krise und die Kosten volkswirtschaftlicher „Bereinigungsprozesse" zu tragen. Zu der Last gehörten letztlich auch die den betreffenden Ländern vom IWF gewährten Liquiditätshilfen. Thailand erhielt vom IWF im August 1997 umfangreiche Kredite. Indonesien wurden im November Kredite in Höhe von 38 Milliarden US-Dollar und Südkorea im Dezember Kredite in

---

10 Cao Yong (2004), S. 119.
11 Ito (2001), S. 56 ff.
12 McKinnon (2001).

Höhe von 55 Milliarden US-Dollar gewährt.[13] Mit diesen Krediten waren nicht nur Zins- und Tilgungslasten, sondern auch drastische Umstrukturierungsauflagen verbunden, die vor allem den Finanzsektor betrafen. Finanzinstitute wurden zusammengelegt, die Finanzaufsicht verstärkt, zahlreiche Banken hatten Bankrott anzumelden. In der Folge mussten viele, vor allem kleinere Betriebe, denen keine Kredite mehr gewährt wurden, schließen.

Den meisten von der Krise betroffenen Volkswirtschaften gelang es nach ein oder zwei Jahren, auf einen akzeptablen Wachstumspfad zurückzufinden. Mit Hilfe internationaler Liquiditätshilfen, durch vorübergehende Beschränkungen der Kapitalmobilität, aber auch durch Umstrukturierungen, Reformen und Stärkung der Finanzaufsicht gelang es, die schlimmsten Verzerrungen im Finanzbereich zu verringern und diejenigen realwirtschaftlichen Faktoren wieder zur Entfaltung zu bringen, die in der Vergangenheit die Wirtschaftsdynamik trugen.[14] In den Augen der Skeptiker bargen diese Wirtschaftserfolge freilich die Gefahr der Verzögerung grundlegender Systemreformen.

2 Krisenimmunität Chinas

Viele der Fehlentwicklungen, die in Chinas Nachbarländern den Ausbruch der Finanzkrise verursachten, traten auch in China auf. So hatte man im Zuge eines ungebremsten Baubooms zahlreiche Projekte errichtet, die sich als wirtschaftlich wenig sinnvoll erwiesen. Investitionsruinen in vielen Regionen des Landes, angefangen von den Grenzstädten zu Vietnam, auf Hainan, in den Küstenstädten, bis in den Nordosten des Landes, ließen unmissverständlich erkennen, dass Investoren ihre Erwartungen

---

13   Wong (1997), S. 1 f.
14   Yusuf (2001), S. 1 ff.

nicht verwirklichen konnten.[15] Unvermittelt erwies sich Chinas Immobiliensektor, der wegen erwarteter Preissteigerungen zunehmend Kapital, wegen der Kapitalverkehrskontrollen freilich nahezu ausschließlich Inlandskapital, angezogen hatte, als wenig solide. Außerdem war ein erheblicher Teil der Staatsbetriebe hoch verschuldet und immer weniger in der Lage, seine Kredite zu bedienen. Der Anteil der nicht rückzahlbaren Kredite am Sozialprodukt nahm bald dramatische Ausmaße an.[16]

Trotz dieser Probleme wurden größere wirtschaftliche Einbrüche vermieden.[17] Die wichtigsten Gründe hierfür sind wohl in Chinas damaligem Mischsystem zu finden. Dieses war zwar nicht besonders effizient und verursachte erhebliche Verzerrungen, verhinderte aber gleichzeitig, dass binnenwirtschaftliche Ungleichgewichte zusammen mit außenwirtschaftlichen Turbulenzen eine ernsthafte Krise auslösten. In dieser Beziehung scheint China mit Vietnam vergleichbar gewesen zu sein, dessen Wirtschaft durch noch vorhandene planwirtschaftliche Elemente von regionalen Krisenerscheinungen halbwegs abgeschottet war.

Um sich mit den – auf den ersten Blick widersprüchlichen – Zusammenhängen auseinander zu setzen, wird im Folgenden der weitere Reformprozess Chinas untersucht. Auf dieser Grundlage werden dann diejenigen Systemelemente und sonstigen Merkmale lokalisiert, die vermutlich trotz aller Systemschwächen stabilisierend wirkten.

2.1 Reformen in der zweiten Hälfte der 1990er Jahre

In den späten 1990er Jahren bestanden in China kaum mehr Zweifel daran, dass das planwirtschaftliche System ausgedient

---

15   Business China, 20. Januar 1997; Asian Wall Street Journal, 5. Dezember 1997.
16   Renmin Ribao, 21. November 1997.
17   South China Morning Post, 25. November 1997.

habe und die Zukunft des Landes in der Vervollkommnung des marktwirtschaftlichen Systems liege.[18] Das als Folge der vorhergehenden Reformschritte entstandene „Mischsystem", das man „Sozialistische Marktwirtschaft" nannte, sollte nicht durch rückwärts gerichtete ordnungspolitische Maßnahmen wieder stärker dem staatlichen Zugriff unterstellt werden. Stattdessen sollten die marktwirtschaftlichen Mechanismen verbessert und das soziale Netz weiterentwickelt werden.

Dieses Mischsystem wies Bausteine auf, die in den vom Verfasser analysierten „reinen" Mischsystemtypen zu finden sind.[19] Es wurden drei solcher Mischsystemtypen unterschieden: Beschränkung der Verwaltung auf Vorgaben von Preisen und Mengen ausgewählter Güter, Preissteuerung und Investitionssteuerung. Chinas Wirtschaftssystem enthielt Elemente aller drei Mischsystemtypen.

a) Planelemente
So wurden, betrachtet man zunächst die planwirtschaftlichen Elemente, Preise und Mengen einer kleinen Zahl von Gütern noch staatlich vorgegeben. Bei einigen weiteren Gütern wurden nur mehr die Preise vom Staat kontrolliert. Die staatliche Überwachung dieser wenigen Güter wurde als ausreichend für die Lenkung der laufenden Produktion angesehen. Zur Ausrichtung der zukünftigen Produktionsstrukturen griff der Staat allerdings noch verhältnismäßig massiv auf Maßnahmen zur Investitionslenkung zurück. Ein erheblicher Teil der Investitionsmittel wurde von staatlichen Behörden vergeben.

Auch internationale Kapitalströme wurden grundsätzlich noch strikt reguliert. Die Währung – der Renminbi mit der Einheit Yuan – wurde, zuweilen mit Hilfe massiver währungspolitischer Eingriffe, eng an den US-Dollar gekoppelt.

---

18   Xin Sheng (2004), S. 23.
19   Klenner (2000), S. 1 ff.

Im Einzelnen war Chinas Wirtschaftssystem, beschreibt man es unter Rückgriff auf die dargestellten Konstruktionselemente von Mischsystemen, folgendermaßen strukturiert: Für bestimmte als wichtig eingestufte Produkte gab es staatliche Preis- und Mengenvorgaben. Diese hatten allerdings im Allgemeinen nicht für alle Betriebe Geltung, die die betreffenden Produkte herstellten, sondern nur für ausgewählte große Staatsunternehmen. Dabei sollte sich der Staat auf die Kontrolle der circa 1000 größten Betriebe beschränken.[20]

Der Preissteuerung unterlagen bestimmte Energieträger, vor allem Elektrizität, sonstige Rohstoffe und einige weitere Güter wie Pharmazeutika, wobei sich der Staat bei der Preisfestsetzung nicht an den Regeln des Konkurrenzsozialismus orientierte, einer spezifischen Variante der Preissteuerung, bei der die Modellbedingungen der vollkommenen Konkurrenz simuliert werden. Es ging vielmehr darum, konkrete politische, verteilungspolitische und entwicklungspolitische Ziele durchzusetzen oder auch nur um die Beibehaltung des diesbezüglichen Status quo. Für als „wichtig" eingestufte Güter wurden Preise verhältnismäßig niedrig angesetzt. Sie lagen in der Regel unter den fiktiven Knappheitspreisen, so dass die Allokation entweder nach dem Warteschlangenprinzip oder durch Zuteilung erfolgte. Darüber hinaus dienten Preisobergrenzen dazu, unerwünschte Preissteigerungen zu verhindern, um so der Inflation entgegenzuwirken. Dementsprechend hing der Umfang der Preiskontrollen unterliegenden Güter auch von der konjunkturellen Situation ab. Wenn den Preissteigerungen mit Hilfe der noch unzulänglichen makroökonomischen Steuerungsinstrumente nicht ausreichend entgegengewirkt werden konnte, wurden Preiskontrollen auf zusätzliche Güter ausgedehnt. Bei Preisstabilität wurden sie reduziert.

Der Durchsetzung struktur- und entwicklungspolitischer Zielvorstellungen diente vor allem die Steuerung der Kapital-

---

20 Zhongguo Jingji Nianjian (1997), S. 709 f.

allokation. Für die Allokation des größten Teils des volkswirtschaftlichen Kapitals waren Staatsbanken zuständig. Diese hatten sich bei der Kreditvergabe an die bis zum Jahr 1997 aufgestellten staatlichen Kreditpläne zu halten, danach an staatliche „Empfehlungen", die faktisch aber häufig noch Weisungscharakter hatten. Aus Sicht der Reformer war der Übergang von der Kreditplanung zu einer Art indirekten Kreditlenkung sicherlich ein Fortschritt, da bei der Kreditvergabe nunmehr Risiken und Rentabilität der Vorhaben an Bedeutung gewannen. Es ist aber nicht auszuschließen, dass „Empfehlungen" staatlicher und persönlicher Willkür einen größeren Spielraum gewährten als zuvor die Vorgaben auf Grund von Plänen, zu deren Erstellung nachprüfbare Kriterien hinzugezogen wurden. Staatliche Eingriffe in die Kapitalallokation dienten auch, ebenso wie Preiskontrollen, der Durchsetzung konjunkturpolitischer Ziele. Bei hohen Inflationsraten wurden das Kreditvolumen reduziert und Kredite rationiert.

Die Bewirtschaftung ausländischer Kapitalzuflüsse erfolgte auf unterschiedliche Weise. Ausländische Direktinvestitionen bedurften der staatlichen Genehmigung. Der Erwerb von Anteilsscheinen wurde auf ein bestimmtes Segment des Aktienmarkts beschränkt. Auslandskredite durften grundsätzlich nur von staatlichen Organen aufgenommen werden. Kapitalabflüsse waren vergleichbaren Kontrollen unterworfen.

Arbeitskräfte im staatlichen Sektor unterstanden noch der amtlichen Aufsicht. So waren staatliche Behörden bei Einstellungen, Einstufungen in Lohnklassen und Entlassungen involviert. Grund und Boden durften veräußert werden, freilich nur Nutzungsrechte, nicht Eigentumsrechte, und in der Regel nur gemäß staatlicher Vorgaben.

b) Marktelemente

Dieses Plangerüst ließ marktwirtschaftlichen Mechanismen großen Spielraum. Preise und Mengen der meisten Güter konnten frei bestimmt werden. Selbst dann, wenn es sich um grundsätzlich bewirtschaftete Güter handelte, durften große Staatsbetriebe im Allgemeinen über ihre „Überplanmengen" und kleinere Betriebe über ihre gesamte Produktion selbständig entscheiden. Durch das rasche Anwachsen des nichtstaatlichen Eigentums an den Produktionsmitteln als Folge der Neugründung privater Firmen, der Entwicklung der kollektiven, faktisch aber wie private Firmen geführten so genannten Township and Village Enterprises und der schrittweisen Privatisierung von Staatsbetrieben entstanden marktkonforme betriebliche Strukturen, Verantwortungssysteme und rechtliche Regelwerke.

Auch für Investoren gab es trotz staatlicher Investitionslenkung erhebliche Spielräume. Private Kapitaleigner durften Unternehmen gründen und in bestehende Unternehmen investieren. Nichtstaatliche Firmen und „selbständige" staatliche Unternehmen erhielten Kredite für in eigener Regie durchgeführte Investitionen von den vier großen staatlichen Banken, den zahlreichen kleineren Banken und gegebenenfalls von den Niederlassungen ausländischer Finanzinstitute. Freilich entsprach der Anteil des nichtstaatlichen Sektors an den Gesamtkrediten bei weitem nicht seiner wirtschaftlichen Bedeutung. Auch gingen in Phasen konjunktureller Überhitzung vorgenommene Kreditrestriktionen häufig zu seinen Lasten, während der Planung unterstehende Betriebe selbst in Zeiten der Kreditverknappung weiterhin mit Krediten bedient wurden.

Es war ein rudimentärer Kapitalmarkt entstanden. Dieser bot Unternehmen allerdings noch keine hinreichenden Finanzierungsinstrumente, die dem jeweiligen spezifischen Bedarf entsprachen. Immerhin durften Unternehmen, freilich nur mit staatlicher Genehmigung, Aktien ausgeben. Schuldverschreibungen von Unternehmen waren zunächst nicht üblich. Bei den umlaufenden Schuldverschreibungen handelte es sich nahezu ausnahmslos um Staatspapiere. Unternehmer, denen Banken keine Kredite gewährten, griffen daher zur Finanzierung ihrer Investitionen auf eigenes Kapital und auf Mittel aus dem Bekanntenkreis und der Familie zurück.

Außenhandelstransaktionen sowie die mit ihnen verbundenen Devisentransaktionen waren weitgehend liberalisiert. So konnten sich ausländische und chinesische Unternehmen unter Vorlage von Handelsdokumenten Devisen für ihre Außenhandelsgeschäfte beschaffen. Für Importe und Exporte bestimmter Güter gab es zwar noch Quoten, wodurch Entscheidungsspielräume begrenzt wurden. Im Allgemeinen wurden aber internationale Handelsströme marktkonform durch Importzölle und Exportzölle gelenkt.

Nichtstaatliche Unternehmen konnten Arbeitskräfte selbständig einstellen, nach eigenen Kriterien entlohnen und gegebenenfalls entlassen. Hierbei hatten sie sich grundsätzlich an Vorschriften hinsichtlich Arbeitslosenversicherung, Renten- und Krankenversicherung zu halten. Viele Arbeitskräfte, vor allem die so genannten „Wanderarbeiter", hatten indessen auf solche Sozialleistungen ebenso wenig Anspruch wie die Bauern. Nichtstaatliche Unternehmen verfügten daher im Hinblick auf die Gestaltung der Arbeitsbedingungen faktisch über einen in westlichen Industrieländern kaum vorstellbaren Freiheitsgrad.

Bei der Übertragung von Nutzungsrechten an Grund und Boden waren zwar staatliche Behörden involviert. In der Praxis fanden dennoch zahlreiche Landveräußerungen statt – viele davon im Zusammenhang mit Spekulationsgeschäften.

2.2 Stabilisierende Systemelemente und chinaspezifische Merkmale

Ökonomen tendieren dazu, nur relativ „reinen" Systemen, seien es Marktwirtschaften oder Planwirtschaften, Systemstabilität zuzuerkennen. Bei Mischsystemen vermuten sie hingegen systemdestabilisierende Widersprüche.

In China zeigte sich aber, dass Rudimente des planwirtschaftlichen Systems, die Herrschaft politischer Kader, das auf persönlichen Beziehungen beruhende komplexe System des Gebens und Nehmens sowie die Bewirtschaftung internationaler Kapitalströme und die staatliche Kontrolle des Wechselkurses stabilitätsfördernd waren. All dies ist aus theoretischer Sicht nicht einmal eine „Second-Best-Lösung". In der Praxis trugen diese Merkmale aber trotz aller durch sie verursachten Verwerfungen dazu bei, die Krisenanfälligkeit zu vermindern.

Hieraus ergibt sich das Paradoxon, dass Chinas Staatssektor verbunden mit Planungsstrukturen in weiteren Bereichen der Wirtschaft zwar strukturelle Ungleichgewichte verursachte und eine gleichgewichtige und stabile Entwicklung erschwerte. Gleichzeitig reduzierte er aber die Anfälligkeit des Landes für außenwirtschaftliche Kriseneinflüsse und verhinderte, dass binnenwirtschaftliche Ungleichgewichte sich selbst verstärkende Turbulenzen hervorriefen.

Zusätzliche stabilisierende Effekte gingen von weiteren chinaspezifischen oder auch generell in asiatischen Volkswirtschaften anzutreffenden Merkmalen sowie von der Dynamik der Wirtschaft aus. Viele Probleme ließen sich jedenfalls leichter lösen, weil erwartet werden konnte, dass sich das Sozialprodukt in sieben oder acht Jahren jeweils verdoppelt.

a) *Stabilisierende Systemelemente*

Zu den Systemmerkmalen, die bewirkten, dass die während der Finanzkrise beobachteten außenwirtschaftlichen und binnenwirtschaftlichen Krisenmechanismen nicht zur Wirkung kamen, gehört die begrenzte Konvertibilität des Renminbi. China hatte zwar im Dezember 1996 die Bedingungen des Artikels 8 des IWF Abkommens akzeptiert, wonach Erwerb und Verwendung von Devisen für Handelstransaktionen grundsätzlich freigestellt werden sollen. Internationale Kapitalströme unterlagen aber, wie oben dargelegt, immer noch der staatlichen Aufsicht. So wurde der Einsatz der zu Handelszwecken erworbenen Devisen für Kapitalbewegungen durch deren Bindung an Handelsgeschäfte verhindert. Devisen waren nur bei Vorlage von Handelsverträgen erhältlich.

Durch die Kontrolle internationaler Kapitalströme wurde sichergestellt, dass Kreditumfang und Rückzahlungsfristen Aktionsparameter des Staates blieben und Ausländer nur auf einen kleinen Teil der Aktienmärkte Zugriff hatten. Diese waren im Vergleich mit denen der Nachbarländer nur wenig entwickelt. So belief sich der Anteil der Aktien am Bruttosozialprodukt in jener Zeit in Thailand auf über 100 Prozent, in Hongkong sogar auf über 200 Prozent, in China lag er dagegen bei nur 7,5 Prozent.[21] Schließlich bedurfte im Rahmen ausländischer Direktinvestitionen transferiertes Kapital der staatlichen Genehmigung und wurde entsprechend den entwicklungspolitischen Vorstellungen des Staates eingesetzt. Es war langfristig in Anlagen und Ausrüstungen gebunden. Kurzfristig konnte es nicht abgezogen werden.

Weil der Staat auf diese Weise Einfluss auf alle in der Kapitalbilanz erfassten Transaktionen nahm, konnten Krisengerüchte, anders als in den Nachbarländern, kaum dazu führen, dass Auslandskapital in größerem Umfang ins Ausland transferiert wurde. Lediglich kurzfristige Auslandskredite und von Ausländern gehaltene Aktien stellten eine potenzielle „Gefährdung" dar. Ihre Anteile am gesamten Kreditvolumen sowie an Aktienmarkt und Sozialprodukt waren aber so klein, dass kurzfristig vorgenommene Kapitalexporte keine besondere Liquiditätsbelastung bedeuteten und keine nachhaltigen gesamtwirtschaftlichen Effekte auslösen konnten.

Eine Finanzkrise in China hätte daher nur binnenwirtschaftliche Ursachen haben können. Potenzielle Auslöser gab es durchaus, vor allem den großen Umfang uneinbringbarer Kredite. Staatsbetriebe waren nicht nur hoch verschuldet, sie konnten auch einen großen Teil ihrer Kredite nicht zurückzahlen. Dies war nicht zuletzt das Ergebnis der Anfang der 1980er Jahre beschlossenen Umstellung der Dotationsfinanzierung auf die Kreditfinanzierung. Man hatte – fälschlicherweise – erwartet,

---

21   Wong (1997).

dass staatliche Unternehmen Kapital nur für hinreichend rentable Projekte nachfragen würden, wenn sie sich mit dem Zwang konfrontiert sehen, für Tilgung und Zinszahlungen aufzukommen. Weil aber Investitionen nach wie vor gesteuert und für einzelne Produkte Mengen und Preise vorgegeben wurden, konnten viele Betriebe ihren Gewinn nicht maximieren. Es mussten daher geradezu zwangsläufig komplexe Kreditketten entstehen, die Verschuldung musste zunehmen, und das Volumen nicht bedienter Kredite musste wachsen.

Das System der Kreditbeziehungen hätte durch einen plötzlich auftretenden Vertrauensverlust leicht zum Einsturz gebracht werden können. Ein Vertrauensverlust war unter den damaligen Bedingungen aber kaum zu erwarten, weil Kreditnehmer, ebenso wie die Banken, Staatsbetriebe waren. Bei den Betriebsschulden handelte es sich daher letztlich um Staatsschulden. Zudem war wenig wahrscheinlich, dass Unternehmen und private Sparer ihre Ersparnisse bei Staatsbanken abzogen, weil ihnen diese, gedeckt durch den Staat, faktisch volle Sicherheit für ihre Einlagen gewährten, freilich ohne jegliche explizite Garantie. Im Übrigen gab es für die Sparer gar keine Alternative zu den mit hohen uneinbringlichen Krediten belasteten Banken, weil ausländische Finanzhäuser damals keine privaten Einlagegeschäfte betrieben und auch nicht über das erforderliche Filialnetz verfügten.

Außerdem wirkte sich die Wachstumsdynamik vertrauensfördernd aus, weil bei einer Wachstumsrate von nahezu zehn Prozent je Jahr Anlass zur Zuversicht bestand, dass der Anteil notleidender Kredite am Sozialprodukt auch ohne drastische Eingriffe in absehbarer Zeit auf ein akzeptables Maß sinken würde – sofern die Banken nicht erneut problematischen Kunden Kredite gewährten. China unterschied sich diesbezüglich zum Beispiel von Japan, wo die anhaltende Stagnation zu einem Ansteigen der uneinbringlichen Schulden geführt hatte, mangels Wachstum aber kaum erwartet werden konnte, dass sich die hohe Schuldenquote als Folge der wirtschaftlichen Entwicklung ohne zusätzliche Maßnahmen reduzieren würde. Schließlich bot die hohe Sparquote von etwa 40 Prozent des Bruttosozialprodukts der Wirtschaftsführung einen erheblichen Spielraum für Umstrukturierungen, sollte es wider Erwarten doch zu einem Zusammenbruch des Finanzsystems kommen.

b)   Stabilisierende chinaspezifische und „asiatische" Merkmale
Neben diesen aus systemtheoretischen Überlegungen abgeleiteten Ursachen gab es weitere Merkmale, die Chinas Krisenimmunität begründen. Auf diese verweisen einige Fachleute aus Chinas Nachbarländern wie Thailand, Singapur, Taiwan, Malaysia und Australien, die mit den Charakteristika asiatischer Volkswirtschaften im Vergleich zu westlichen Ökonomen besonders gut vertraut sind. Bemerkenswert ist, dass sie die im Westen verbreitete Ansicht, Mischsysteme wiesen per se Instabilitäten auf und seien deswegen „reinen" Systemen unterlegen, selten teilen und diesbezüglich einen wesentlich pragmatischeren Standpunkt einnehmen.

So wurde dargelegt, dass marktwirtschaftliche Elemente im gesamten ostasiatischen und südostasiatischen Raum nicht in der „reinen" Form vorzufinden seien, wie sie in ökonomischen Lehrbüchern beschrieben werden. Fast überall würden wirtschaftliche Prozesse und Strukturen von einflussreichen Familien und sonstigen Seilschaften beeinflusst. Wirtschaftliche Ergebnisse seien daher im Vergleich mit fiktiven marktwirtschaftlichen Resultaten verzerrt. Von dieser Art der Einflussnahme würde sich die Lenkung der Wirtschaft in China durch zentralstaatliche und lokale Kader, auch wenn man sich dort auf „kommunistische" oder „gesamtwirtschaftliche" Postulate bezöge, grundsätzlich nur wenig unterscheiden. Insofern sei China kein „Sonderfall".

Es wurde sogar die Vermutung geäußert, dass Chinas Wirtschaftssystem besser funktioniere als das einiger anderer asiatischer Volkswirtschaften. Auf den Philippinen zum Beispiel, wo ein oder zwei Dutzend Großfamilien die gesamte Volkswirtschaft dominierten, sei das Geflecht zwischen Staat und miteinander um politischen und wirtschaftlichen Einfluss konkurrierenden Gruppen komplexer und noch weniger transparent als die Beziehungen zwischen Staat und Wirtschaft in China. Der Staat sei in China zwar neben der Zentrale durch eine Fülle regionaler Verwaltungseinheiten repräsentiert, seine Vertreter träfen aber, weil derselben Partei angehörig, leichter vorhersagbare Entscheidungen.

Im Übrigen verfüge China, anders als die anderen asiatischen Volkswirtschaften, auf Grund seiner Größe und Heterogenität über zahlreiche Mechanismen zur Selbststabilisierung. Viele seiner regionalen und sonstigen Besonderheiten, auch die immer noch zu beobachtende wirtschaftliche Abschottung einzelner Regionen, würden verhindern, dass sich Krisen, sollten sie überhaupt entstehen, im gesamten Land ausbreiten. Die Fortführung der marktwirtschaftlichen Reformen berge daher vorläufig nur begrenzt Stabilitätsrisiken. Zudem hätte China für die gesamte Weltwirtschaft so große Bedeutung erhalten, dass im Falle einer krisenhaften Zuspitzung, anders als in Thailand und anderen südostasiatischen Ländern, mit raschen und unkonventionellen Unterstützungsmaßnahmen seitens westlicher Wirtschaftspartner zu rechnen sei – aus deren wohlverstandenem Eigeninteresse heraus.

Weitere Faktoren würden auch in Zukunft zu Chinas Krisenimmunität beitragen. Wenn als Folge weiterführender Reformen eines Tages auch Kapitalströme liberalisiert werden, wäre es ausländischen Investoren bei einer Verschlechterung der wirtschaftlichen Situation Chinas zwar möglich, Kapital wie in Thailand oder den Philippinen kurzfristig abzuziehen. Die meisten Investoren würden die Erschließung des chinesischen Marktes indessen als strategisches Ziel ansehen und daher nicht so sensibel auf kürzerfristige Probleme reagieren. Ihnen käme es darauf an, ihr China-Engagement längerfristig zum Erfolg zu führen. Im Übrigen könnten sie sich darauf verlassen, dass internationale Organisationen und Regierungen der wichtigsten

Wirtschaftspartner Chinas im Falle von Wirtschafts- und Zahlungsbilanzproblemen Unterstützung gewähren und auf diese Weise die Geschäftsbedingungen stabilisieren.

Ferner wurde dargelegt, dass China selbst im Falle entschlossener Reformmaßnahmen noch lange Zeit keine „rein" marktwirtschaftlichen Strukturen aufweisen werde. Zumindest für ein oder zwei Jahrzehnte würde der Staat trotz aller Liberalisierungsmaßnahmen die Wirtschaft noch unmittelbar beeinflussen können. Zudem seien Politik und Verwaltung auch in absehbarer Zukunft noch einflussreich genug, um Reformmaßnahmen bei Bedarf wieder zurückzunehmen und zur Stabilisierung der Wirtschaft auf planwirtschaftliche Instrumente zurückzugreifen. Bestimmte planwirtschaftliche Strukturen müssten daher positiver bewertet werden, als man das vor der Krise vielleicht getan hätte, weil sie China noch für längere Zeit in die Lage versetzten, zu seinem eigenen Vorteil und sogar zum Nutzen seiner Nachbarländer die Rolle eines „stabilen Ankers" und die einer „Konjunkturlokomotive" zu übernehmen.

Der Flexibilität der chinesischen Wirtschaft kommt in diesem Zusammenhang besondere Bedeutung zu. Zu diesem Thema wurden unterschiedliche, zum Teil widersprüchliche Aussagen gemacht. So war die Auffassung verbreitet, die Wirtschaft reagiere auf Grund noch bestehender planwirtschaftlicher Rigiditäten nur sehr langsam auf interne und externe Schocks. Dies beeinträchtige zwar die volkswirtschaftliche Effizienz; Effizienznachteilen ständen aber Stabilitätsgewinne gegenüber, weil Überreaktionen verhindert oder zumindest gedämpft würden. Krisen ließen sich daher vermeiden, weshalb die wirtschaftlichen Ergebnisse zumindest auf lange Sicht besser ausfielen als in Volkswirtschaften, die ihre Potenziale zwar kurzfristig voll ausschöpfen, dafür aber krisenanfällig sind.

Umgekehrt wurde argumentiert, dass Chinas Wirtschaft in bestimmter Hinsicht über eine in etablierten Marktwirtschaften kaum vorhandene Flexibilität verfüge, die sich stabilitätsfördernd auswirke. Diese bestehe darin, dass Betriebsleiter halbstaatlicher und staatlicher Betriebe, aber auch private Unternehmer, ihre Beziehungen zu staatlichen Behörden häufig aushandeln können. Trotz bestehender Gesetze seien Steuern, Subventionen und sonstige unternehmerisch relevante Bedingungen keine festen Größen. Von dieser Unbestimmtheit würden beide Seiten, der Staat und die Unternehmen, profitieren. An guten betrieblichen Ergebnissen würde der Staat beteiligt. Bei wirtschaftlichen Problemen könnten Betriebe dagegen durch geschicktes Verhandeln ihre Belastung mindern oder sogar Zuschüsse erhalten. Schwierigkeiten einzelner Betriebe, Branchen oder Regionen würden so rechtzeitig begrenzt und übertrügen sich nicht so leicht auf die übrige Volkswirtschaft.

Diese Sichtweise steht in Widerspruch zu der Ansicht, dass effizientes Wirtschaften an die Existenz harter Budgetrestriktionen gebunden ist. Dabei wird ausgeblendet, dass aushandelbare Beziehungen zwischen Staat und Wirtschaft den Nährboden für Korruption bilden. Dafür wird unterstellt, dass es in bestimmten Entwicklungsphasen eines Landes gesamtwirtschaftlich und längerfristig vorteilhaft ist, wenn durch wirtschaftliche Schwierigkeiten einzelner Bereiche nicht sofort die Grundstrukturen des Wirtschaftssystems insgesamt in Frage gestellt werden.

Stabilitätsfördernde Mechanismen wurden ferner in bestimmten Merkmalen des chinesischen Finanzsystems gesehen, die letztlich auf dessen Unterentwicklung zurückzuführen sind. So haben private Unternehmer, die kaum oder keine Sicherheiten bieten, nicht immer Zugang zu Krediten. Kapitalmärkte, die als Alternative in Frage kämen, sind aber noch nicht ausreichend entwickelt. Unter diesen Bedingungen würden zur Verwirklichung von Investitionsvorhaben häufig zahlungskräftige Privatpersonen einbezogen werden, die es als Unternehmer oder auch als Verwaltungskader zu Reichtum gebracht hätten. Diese stellten ihre Mittel zumeist als Beteiligungskapital zur Verfügung und nähmen gleichzeitig Einfluss auf geschäftliche Entscheidungen. Hierdurch entstünden Venture-Capital-ähnliche

Geschäftsverbindungen. Entsprechend finanzierte und geführte Unternehmen, so die Vermutung, würden Krisensituationen leichter überstehen als Unternehmen, die sich über Kredite finanzieren und auch bei wirtschaftlichen Schwierigkeiten mit Rückzahlungsforderungen konfrontiert sind, oder die Beteiligungskapital akzeptierten, ohne dass sich gleichzeitig Kapitalgeber persönlich engagierten.

Stabilitätsfördernd würde sich schließlich auswirken, dass Manager bei ihren Entscheidungen nur wenigen sozialen Normen und etablierten kaufmännischen Regeln Rechnung zu tragen haben. So sind für viele Betriebe die über den Lohn hinausgehenden Belastungen wegen des nur rudimentären sozialen Netzes gering. Hinzu kommt die Fähigkeit chinesischer Geschäftsleute, genau zu kalkulieren, und deren ausgeprägte Bereitschaft, Risiken einzugehen und sich bei Nichtgelingen emotionslos neuen Vorhaben zuzuwenden.

c) Stabilisierende Wirtschaftsdynamik
Eine weitere Ursache für Chinas Krisenresistenz ist die durch eindrucksvolle wirtschaftliche Daten belegte Wirtschaftskraft des Landes. Die Wachstumsrate des Sozialprodukts lag in den Jahren 1994 bis 1996, wie oben dargelegt, bei circa zehn Prozent, die der Exporte betrug im Jahr 1995 23 Prozent und im Jahr 1996 elf Prozent. Die Sparquote belief sich im Jahr 1995 auf 42 Prozent. Der Anteil der Bruttoinvestitionen am Bruttosozialprodukt betrug im gleichen Jahr 39,5 Prozent. Bis Ende 1995 hatte China ausländische Direktinvestitionen im Wert von insgesamt fast 130 Milliarden US-Dollar erhalten. Die Auslandsschulden beliefen sich nur auf 124 Milliarden US-Dollar, ein Wert, der unter Berücksichtigung aller üblichen Verschuldungsindikatoren als problemlos einzustufen war. Die Schulden waren niedriger als die Exporte in Höhe von 150 Milliarden US-Dollar oder die Devisenreserven in Höhe von 130 Milliarden US-Dollar. Zudem war der Anteil der kurzfristigen Kredite an den Auslandsschul-

den gering. Längerfristige Schulden beliefen sich auf nahezu 90 Prozent der Gesamtschulden.[1]

Freilich hatten auch Chinas Nachbarländer im Hinblick auf einige dieser Indikatoren noch bis kurz vor der Krise gute Ergebnisse aufzuweisen gehabt.[2] So lagen die Wachstumsraten des Sozialproduktes Thailands, der Philippinen, Malaysias, Indonesiens, Südkoreas und Taiwans im Jahr 1996 zwischen 5,5 und 8,5 Prozent. Die Inflationsraten waren niedrig. Die Wachstumsraten der Exporte waren zweistellig, die Sparquote lag bei vielen bei über 30 Prozent, ihre Investitionsquote bei über 20 Prozent.[3] All diese positiven Fundamentaldaten hatten sie aber nicht vor der Finanzkrise bewahren können.

In Anbetracht dessen mussten viele Ökonomen umlernen und zur Kenntnis nehmen, dass eindrucksvolle Fundamentaldaten wohl Aussagen über das langfristige realwirtschaftliche Wachstumspotenzial zulassen, aber nur begrenzt Informationen über die Risikoanfälligkeit eines Landes geben. Hierzu sind unter anderem Höhe und Fristigkeit der Auslandsschulden, die Abhängigkeit vom Auslandskapital und die Höhe der Devisenreserven hinzuzuziehen. In dieser Hinsicht schnitt China deutlich besser ab als die meisten Krisenländer.

---

1   UNCTAD (1997).
2   Volcker (1999).
3   World Bank (1997).

III Reformen und Systemschwächen

Wenn die staatliche Investitionssteuerung und die Kontrolle internationaler Kapitalströme auch verhinderten, dass die Krisenerscheinungen in den Nachbarländern auf China übergriffen, so übersahen chinesische Wirtschaftspolitiker doch nicht die hierdurch hervorgerufenen Verwerfungen.[4] Man befürchtete, dass weiterführende Reformen, in deren Verlauf stabilisierende planwirtschaftliche Elemente beseitigt würden, das Land krisenanfälliger machen könnten.

Eine solche selbstkritische Einschätzung ist bemerkenswert, da nationale Wirtschaftsführungen üblicherweise erst dann beginnen, ihr Wirtschaftssystem in Frage zu stellen, wenn es über längere Zeit schlechte Wirtschaftsergebnisse verzeichnet. In Japan zum Beispiel setzten sich viele Wirtschaftspolitiker erst mit dem Ordnungssystem ihres Landes kritisch auseinander, als es nach dem „Platzen der Spekulationsblase" in den 1990er Jahren mit Hilfe der üblichen wirtschaftspolitischen Maßnahmen nicht gelang, die Wirtschaft aus der Stagnation heraus zu führen. Erst als die Wirtschaftsprobleme geradezu „chronisch" geworden waren, fragte man, ob eine wirtschaftliche Erholung nicht auch wegen der Bankendominanz, der engen Beziehungen zwischen Staat, Banken und Unternehmen, der langfristigen Bindung von Arbeitskräften an ihre Unternehmen und sonstiger japanspezifischer Merkmale ausbliebe. Auch in Deutschland stagnierte die Wirtschaft über Jahre, bevor man sich in der Politik energischer mit der Frage befasste, ob die spezifische Ausprägung der Sozialen Marktwirtschaft als Folge einer Übergewichtung der sozialen Komponente nicht an die Grenze ihrer Leistungsfähigkeit gestoßen sei.

Sicherlich hatten Ökonomen in beiden Ländern schon lange vor der drastischen Verringerung des Wirtschaftswachstums ordnungspolitische Änderungen gefordert. Die breitere

---

4 Renmin Ribao, 21. November 1997.

politische Auseinandersetzung begann aber erst, nachdem wiederholte Wachstumseinbrüche deutlich gemacht hatten, dass die üblichen prozesspolitischen und strukturpolitischen Instrumente zur Belebung der Wirtschaft nicht geeignet waren. Umso beachtlicher ist, dass sich die Wirtschaftsführung Chinas – trotz des seit mehr als zwei Jahrzehnten anhaltenden außerordentlich hohen Wachstums, des wachsenden Umfangs an Auslandskapital und eines stetig zu Gunsten höherwertiger Produkte ausgeweiteten Gütersortiments – kritisch mit ihrem Wirtschaftssystem befasste. Nach den üblichen Kriterien hatte Chinas Wirtschaftssystem den Praxistest durchaus bestanden.

Dennoch gab es gute Gründe, sich mit grundsätzlichen Fragen auseinander zu setzen. Die Folgen der Wirtschaftskrise waren für China nicht dramatisch, dennoch machte sich die nachlassende wirtschaftliche Dynamik in den Nachbarländern bemerkbar. Die Nachfrage der asiatischen Nachbarn nach chinesischen Produkten sank, ihre Direktinvestitionen in China gingen zurück und, weil deren Währungen abgewertet wurden, büßten chinesische Exporte an Wettbewerbskraft ein.[5] Hinzu kam die Befürchtung, dass es sich bei der Finanzkrise nicht nur um eine kurzfristige Erscheinung – hervorgerufen durch eine zeitlich begrenzte problematische Konstellation von Finanzdaten – handeln könnte, sondern um strukturelle Schwächen, deren Korrektur einen längerfristig angelegten wirtschaftspolitischen Mitteleinsatz erfordern würde.

Vor allem aber beobachtete man vergleichbare Schwächen auch im eigenen Lande. Probleme sah man im Finanzsystem, unter anderem in den Beziehungen zwischen Banken und Staatsbetrieben, und im monetären Außenwirtschaftssystem. Es wurde befürchtet, dass durch einen nicht hinreichend abgestimmten Einsatz reformpolitischer Aktionsparameter das noch bestehende, aber fragile Systemgleichgewicht gestört wird. Zum Beispiel könnte die durchaus sinnvolle Umwandlung der Staats-

---

5   Lardy (2002), S. 17.

banken in privatwirtschaftliche Unternehmen isoliert betrachtet die bisherige Vertrauensgrundlage zwischen staatlichen Kreditnehmern und Kreditgebern beeinträchtigen. Auch könnte die breitere Öffnung der Kapitalmärkte für Ausländer die Anfälligkeit der Wirtschaft für „Stimmungsänderungen" unter den ausländischen Investoren dramatisch erhöhen.

1 Ineffizienz und Widersprüche im Finanzsystem

Der Reformbedarf ist bei der Umgestaltung ehemals planwirtschaftlicher Finanzbeziehungen gewaltig, weil ganz neue Finanzinstitutionen, Finanzierungsmechanismen, Kontrollorgane und geldpolitische Instrumente zu schaffen sind.[6] Mit der Trennung des Bankensystems vom Finanzministerium und der Etablierung von Kapitalmärkten für Aktien und Anleihen hatte man bereits wichtige Maßnahmen zum Aufbau eines modernen Finanzsystems ergriffen. In Anbetracht der damit verbundenen Aufgaben kann es aber nicht verwundern, dass aus der nach wie vor bestehenden Verbindung marktwirtschaftlicher und planwirtschaftlicher Elemente erhebliche Widersprüche resultierten.[7] Banken agierten noch nicht als erfahrene Finanzintermediäre. Kapitalmärkte boten Unternehmen aber kaum eine Alternative zur Kreditfinanzierung, weil es ihnen an der erforderlichen Breite und Tiefe fehlte. Vor allem war der Staat noch massiv in Aktiengeschäfte involviert.

1.1 Bankenintermediation

Im Bankensektor wurden im Jahr 1984 auf der Basis des bestehenden Bankensystems eine moderne Zentralbank und Ge-

---

6   Klenner (2000), S. 1 ff.
7   Song Guoqing (1998), S. 18 ff.

schäftsbanken gegründet. Die Volksbank war zuvor eng mit dem Finanzministerium verbunden und nahm gleichzeitig hoheitliche Aufgaben und Geschäftsaufgaben wahr. Sie wurde nun vom Finanzministerium gelöst und in zwei voneinander getrennte Institutionen aufgespalten. Die hoheitlichen Aufgaben wurden der Zentralbank, die Geschäftsaufgaben der Industrial and Commercial Bank of China übertragen.

Der Zentralbank wurden schrittweise die in Marktwirtschaften üblichen geldpolitischen Instrumente an die Hand gegeben. So wurden zur Steuerung der Geldmenge Mindestreservevorschriften eingeführt. In den 1990er Jahren zum Beispiel waren bis zu 20 Prozent der Bankeinlagen als Mindestreserve zu halten. Ferner sollte die Geldmenge grundsätzlich mit Hilfe der Zinspolitik und einer zunächst nur rudimentären Offenmarktpolitik – die Zentralbank gewährte den Geschäftsbanken Kredite – beeinflusst werden.[8]

Die aus dem Geschäftsbereich der ehemaligen Volksbank hervorgegangene Industrial and Commercial Bank, die Einlagengeschäfte und Kreditgeschäfte vor allem im städtischen Bereich wahrnahm, war die größte staatliche Geschäftsbank. Neben ihr wurden drei bereits bestehende Finanzinstitute in staatliche Geschäftsbanken umgewandelt, die Agricultural Bank, die im landwirtschaftlichen Sektor tätig war, die China Construction Bank, die langfristige Infrastrukturvorhaben finanzierte, und die Bank of China, die sich auf Devisengeschäfte spezialisierte. Außer diesen vier großen staatlichen Geschäftsbanken wurden weitere Banken und Nichtbankfinanzinstitutionen zugelassen. Hierzu gehörten unter anderem die CITIC Industrial Bank, die Bank of Communications, die China Investment Bank sowie eine größere Zahl von Geschäftsbanken, zu deren Anteilseignern neben der Zentralbank, Staatsbetrieben und Regierungsinstitutionen auch private Investoren gehörten (Joint-Equity-Banken). Hinzu kamen die Post, die Einlagen von

---

8   Liu Renwu/Wu Jingze (2004), S. 95 ff.

Privaten annahm und diese bei der Volksbank anlegte, ländliche Kreditkooperativen und ausländische Finanzinstitute, die von Renminbi-Geschäften mit chinesischen Firmen und Privatkunden zunächst grundsätzlich ausgeschlossen waren. Ferner wurden Vermögensverwaltungsgesellschaften, Versicherungsfirmen, Effektenmakler, Leasinggesellschaften und andere Nichtbank-Finanzinstitutionen gegründet.

a) Widersprüchliche Finanzierungsmechanismen und ihre Folgen
Zusammen mit den Änderungen bei den Finanzinstitutionen fand ein Wechsel der Finanzierungsmechanismen statt. Die wichtigste und folgenreichste Maßnahme war die schrittweise Umstellung der Dotationsfinanzierung auf die Kreditfinanzierung. Betriebliche Investitionen konnten nun nicht mehr aus dem Budget des Finanzministeriums finanziert werden, das sich der Banken als Auszahlungsstellen bediente. Stattdessen mussten Betriebe Kreditanträge bei den Geschäftsbanken stellen. Grundsätzlich sollten nur solche Unternehmen Kapital erhalten, die dieses wirtschaftlich effizient einsetzten und zur Rückzahlung der Kredite in der Lage waren.[9]

Diese Umstellung wurde aber nicht durch weitere Reformen abgestützt. So wurde die Geschäftstätigkeit der Banken noch bis zum Jahr 1997 durch staatliche Kreditpläne geregelt. Kreditvorgaben waren verbindlich, so dass es Banken nicht möglich war, die Kreditvergabe an Staatsbetriebe zu verweigern, auch dann nicht, wenn sie an der Bonität der Schuldner Zweifel hatten. Zinsen waren keine Aktionsparameter der Banken. Sowohl Einlagezinsen als auch Kreditzinsen wurden vom Staat festgesetzt, so dass Banken die Sätze nicht dem Risikograd der Vorhaben anpassen konnten. Freilich sind staatliche Eingriffe in die Zinsfestsetzung nicht nur für Transformationsländer typisch.

---

9   Qian Xiaoan (2004), S. 17.

Selbst in den USA reduzierte der Staat erst in den 1970er Jahren seine Einflussnahme auf die Bankzinsen.[10]

Gewisse Freiheiten wurden Geschäftsbanken freilich eingeräumt. So erhielten sie nur mehr einen kleinen Teil ihrer Finanzmittel aus Haushaltszuweisungen und konnten beziehungsweise mussten statt dessen die zur Finanzierung ihrer Vorhaben erforderlichen Mittel im Wesentlichen durch ihr Engagement im Einlagengeschäft aufbringen. Im Einlagengeschäft herrschte zwischen den Geschäftsbanken grundsätzlich Wettbewerb. Im Kreditgeschäft verfügten sie dagegen faktisch über ein sektorales Monopol.

Von der Ausweitung ihres Einlagengeschäftes konnten Banken grundsätzlich auf zwei Arten profitieren. Einmal durften sie über die Planvorgaben der Regierung hinaus Kredite gewähren, sofern genügend Einlagen vorhanden waren. Allerdings wurden in Phasen konjunktureller Überhitzung Kredite rationiert. Auch bemaß der Staat bei der Festlegung der Einlagezinsen und Kreditzinsen die Margen zuweilen so niedrig, dass Banken durch zusätzlich gewährte Kredite ihre Profite nicht unbedingt erhöhten. Ferner bot der Interbankenmarkt Geschäftsmöglichkeiten. Wenn Banken über Kapitalüberschüsse verfügten, konnten sie diese zu lukrativen Bedingungen an Banken vergeben, die eine größere Kreditnachfrage zu befriedigen hatten. Zumeist flossen auf diese Weise Kapitalströme aus weniger entwickelten Regionen, vor allem im Landesinneren, in Küstenregionen mit großer Wirtschaftsdynamik.[11] Mangels detaillierter Regeln, Vorschriften und Kontrollen scheint es auf dem Interbankenmarkt zunächst erhebliche Freiheiten gegeben zu haben. Im Jahr 1994 wurden Interbankengeschäfte strengeren Regeln unterworfen.

Die Umstellung der Dotationsfinanzierung auf die Kreditfinanzierung, hat bisher nicht nur die erwarteten Ergebnisse

---

10 Nolan (2001), S. 144 f.
11 Qian Xiaoan (2004), S. 18.

verfehlt, sondern erhebliche neue Probleme geschaffen. Die Reaktionen der Betriebsleiter auf das neue Finanzierungsinstrument fielen zunächst sehr unterschiedlich aus. Einzelne Betriebsleiter scheuten vor Kreditaufnahmen zurück, weil sie – mangels entsprechender Erfahrung – keine finanziellen Verpflichtungen eingehen wollten. Andere Betriebsleiter verglichen erwartete Rentabilitäten und Risiken nun penibel mit den Kreditzinsen, bevor sie Finanzmittel bei den Banken beantragten – was der Intention der Reformen entsprach. All dies änderte sich jedoch, als immer mehr Manager von Staatsbetrieben bemerkten, dass Kreditverpflichtungen ihren Spielraum nicht unbedingt einengten. Staatliche Betriebe, vor allem solche von größerer regionaler Bedeutung, erhielten, auch wenn sie Verluste machten, problemlos Kredite. Sie konnten diese nicht nur zur Finanzierung ihrer Investitionsvorhaben verwenden, sondern sogar zur Auszahlung von Löhnen, zur Überwindung von selbst verschuldeten Finanzproblemen und zur Finanzierung von Spekulationsgeschäften. Die Folge dieser Kreditvergabepraxis war daher ein Anstieg der betrieblichen Schulden im Verhältnis zum Eigenkapital (sofern dieses damals überhaupt ermittelt wurde) und, weil die Schulden selten zurückgezahlt werden konnten, der notleidenden Kredite.

Mitte der 1990er Jahre soll ungefähr die Hälfte aller knapp 120 000 Staatsbetriebe Verluste erwirtschaftet haben. Die Verlustbetriebe, die in einigen Regionen zu den wichtigsten Arbeitgebern zählten, beschäftigten circa 20 Millionen Menschen. Im Jahr 1996 beliefen sich die Verluste auf insgesamt 53 Milliarden Yuan.[12] Weil auch Verlustbetriebe Kredite erhielten, stiegen Schulden und notleidende Kredite der staatlichen Geschäftsbanken dramatisch an. Letztere erreichten Mitte der 1990er Jahre einen Anteil von schätzungsweise 15 Prozent am Bruttosozialprodukt.

---

12 Xiao Minjie (1997), S. 20 f.

Ein wesentlich niedrigerer Anteil, sieben bis zehn Prozent, hatte 1995 in Südamerika die „Mexikokrise" ausgelöst. Zuvor, Ende der 1980er Jahre, als es in den USA zur Savings-and-Loan-Krise kam, hatte der Anteil der notleidenden Kredite am Bruttosozialprodukt lediglich zwei Prozent betragen; nur ein entschlossenes Eingreifen der amerikanischen Regierung konnte die Krise seinerzeit eindämmen.

Anfang 1998 hatten die faulen Kredite in China eine wesentlich dramatischere Größenordnung erreicht: Sie beliefen sich fast auf ein Viertel des Bruttosozialprodukts. Diesen Wert hatten nicht einmal Thailand, Südkorea, Malaysia und Indonesien kurz vor der Asienkrise erreicht.[13]

In Anbetracht dieser Entwicklungen musste die chinesische Wirtschaftsführung zur Kenntnis nehmen, dass von der Umstellung der Dotationsfinanzierung auf die Kreditfinanzierung nicht die erwünschten disziplinierenden Wirkungen ausgingen – und auch nicht ausgehen konnten. Wenn staatliche Unternehmen zur Verwirklichung von Planvorgaben Kredite aufnehmen müssen und rentable Projekte nicht verwirklichen dürfen, muss sich geradezu zwangsläufig ein gefährliches Störpotenzial im Finanzsystem herausbilden.

b) Unzureichende Entlastung der Geschäftsbanken durch Entwicklungsbanken

Zunächst glaubte man, die Probleme durch die Gründung staatlicher Entwicklungsbanken, wie sie auch in westlichen Industrienationen anzutreffen sind, in den Griff zu bekommen.[14] Um zu verhindern, dass Geschäftsbanken sowohl kommerzielle als auch politisch motivierte Kredite vergeben, wurden im Jahr 1994 die State Development Bank, die Export-Import Bank und die Agriculture Development Bank gegründet.[15] Diese Banken

---

13 Huang Yiping (2002), S. 382.
14 Ogura/Yoshino (1984), S. 105 ff.; Nakamura (1995), S. 46.
15 Qian Xiaoan (2004), S. 18.

wurden ausschließlich mit der Finanzierung staatlicher Vorhaben wie Infrastrukturprojekten, technischer Erneuerung von Staatsbetrieben und Armutsbekämpfung betraut. Längerfristige Kredite wurden zu Sonderkonditionen gewährt. Zum Beispiel belief sich der Zinssatz für Mittel, die zur Armutsbekämpfung eingesetzt wurden, auf knapp drei Prozent, während für Geschäftskredite mit einer Laufzeit von nur einem Jahr Zinsen in Höhe von elf Prozent zu zahlen waren. Geschäftsbanken sollten sich, von der Last politischer Kredite befreit, in Zukunft allein auf das kommerzielle Kreditgeschäft konzentrieren.

Diese grundsätzlich sinnvolle Aufgabenteilung wurde allerdings nicht konsequent durchgesetzt. In der zweiten Hälfte der 1990er Jahre wurde immer noch ein Drittel aller von den staatlichen Geschäftsbanken gewährten Kredite aus politischen Gründen vergeben, da die Entwicklungsbanken nicht in der Lage waren, die ihnen zugedachten Aufgaben vollständig zu übernehmen. Ihnen fehlten das erforderliche Netz lokaler Geschäftsstellen und Finanzierungsfachleute. Ein großer Teil des Personals war zuvor in Planungsbüros und bei der Planungskommission tätig gewesen, wo man Güteraufkommen und -bedarf durch Mengenplanung zum Ausgleich brachte. Moderne Finanzierungsmethoden waren gänzlich unbekannt.[16]

Zudem war Kapitalausstattung der Entwicklungsbanken gering. Einlagengeschäfte, mit denen sie ihren Finanzspielraum hätten erweitern können, durften sie nicht tätigen. Sie waren im Wesentlichen auf Zuwendungen aus dem Haushalt und Kredite von internationalen Organisationen und ausländischen Regierungen angewiesen. Daneben konnten sie Anleihen bei der Zentralbank aufnehmen und Schuldverschreibungen an Geschäftsbanken veräußern. Letztere wurden zum Ankauf verpflichtet, weil sie wegen des hohen Ausfallrisikos und der niedrigen Verzinsung ansonsten nicht zum Erwerb der Papiere bereit gewesen wären. Die Verzinsung lag weit unter der Rendite ver-

---

16 Liu Zhiqiang (2000), S. 7 ff.

gleichbarer Staatsanleihen und häufig sogar unter der Inflationsrate. Die Finanzierung durch Zwangsanleihen führte bei den Geschäftsbanken dazu, dass sie faktisch wieder in die „politische Kreditvergabe" involviert wurden und einen Teil der damit verbundenen Kosten zu tragen hatten.

Dass die vorgesehene Trennung zwischen kommerziellen und politisch motivierten Krediten in der Praxis nicht durchgehalten wurde, lag vermutlich am Verhalten der Planungsbehörden, die bei den ihnen unterstehenden Staatsbetrieben immer noch auf die Erfüllung von Vorgaben drangen. Dementsprechend hatten staatliche Geschäftsbanken die benötigten Finanzmittel weiterhin zur Verfügung zu stellen. An dieser Verpflichtung änderte sich auch durch die Abschaffung des Kreditplans im Jahr 1997 nur wenig, weil an die Stelle staatlicher Kreditquoten staatliche Kreditempfehlungen traten, die für das Bankenpersonal faktisch ähnlich verpflichtend waren wie die vorherigen Planvorgaben.

Das Festhalten von Planungsbehörden und Banken an den herkömmlichen Methoden hatte freilich strukturelle Gründe. Bei vielen der nach wie vor bewirtschafteten Betriebe handelte es sich um in den 1950er und 1960er Jahren errichtete Großbetriebe der Schwerindustrie und Chemieindustrie, die mittlerweile wie vergleichbare amerikanische Unternehmen in Ohio und Michigan und deutsche Unternehmen im Ruhrgebiet zu den „veralteten" Industrien gehörten. Ähnlich wie den zahlreichen Privatunternehmen im „Rust Belt" westlicher Industrienationen war es ihnen nicht gelungen, sich umzustrukturieren und neue, gefragte Produkte zu erstellen. Insofern lassen sich ihre Schwierigkeiten nicht ausschließlich darauf zurückführen, dass sie sich im Eigentum des Staates befanden.

Allerdings hatte die planwirtschaftliche Praxis ihre Probleme verstärkt. So waren die Abschreibungssätze sehr niedrig angesetzt worden, damit Betriebe ihre erwirtschafteten Gewinne möglichst vollständig dem Finanzministerium zuführten. Betriebe hatten daher kaum über eigene Mittel zur Modernisierung ihrer Anlagen verfügt. Das Finanzministerium hatte seine Einnahmen aber selten zur Modernisierung bestehender Betriebe eingesetzt, sondern in erster Linie zur Verwirklichung neuer Vorhaben. Eine Folge dieser Investitionspolitik war, dass Betriebe nach kurzer Zeit „veralteten" und mit verhältnismäßig hohen Kosten produzierten.

Ihre Modernisierung, wenn sie wirtschaftlich überhaupt sinnvoll war, benötigte Zeit und war kostspielig. Ihre Schließung aber wäre gesamtwirtschaftlich problematisch gewesen, weil sie Produkte von großer volkswirtschaftlicher Bedeutung herstellten, und regionalpolitisch katastrophal, weil sie in vielen Regionen der wichtigste Arbeitgeber waren.[17] Entlassungen hätte die Arbeitslosigkeit in einzelnen Regionen dramatisch ansteigen lassen.

So veranlassten gesamtwirtschaftliche und beschäftigungspolitische Überlegungen die Zentralregierung und lokale Verwaltungen, auch nach Abschaffung des Kreditplanes auf die Kreditvergabe der Geschäftsbanken Einfluss zu nehmen, um das wirtschaftliche Fortbestehen von Betrieben trotz ungünstiger Kostenstrukturen sicherzustellen. In einzelnen Fällen scheinen die gewährten Kredite Betriebe in die Lage versetzt zu haben, lange unterbliebene Modernisierungsmaßnahmen durchzusetzen. Die damit verbundenen Aufgaben waren aber zumeist so gewaltig, dass Entwicklungsbanken überfordert waren. In der Regel wurden daher im Interesse der gesellschaftlichen Stabilität die überkommenen Strukturen festgeschrieben und Geschäftsbanken weiterhin gedrängt, politisch motivierte Investitionsvorhaben zu finanzieren. Das war selbst dann der Fall, wenn in keiner Weise sichergestellt war, dass sich diese eines Tages rentieren würden.

Grundsätzlich hätte das Personal der Geschäftsbanken politischen Einflussnahmen Widerstand entgegensetzen können, mit dem Verweis darauf, dass kommerzielle Banken keine Auf-

---

17 Wong (1997), S. 5.

gaben von Entwicklungsbanken zu erfüllen hätten. Das geschah jedoch selten, weil das Leitungspersonal lokaler Bankniederlassungen zwar nicht formal, aber doch faktisch wesentlich stärker in die jeweilige regionale Verwaltungseinheit als in die vertikale Bankenhierarchie eingebunden war. Regionale Verwaltungseinheiten aber verfolgten damals nicht nur das Ziel, die Rentabilität der ihnen zugehörigen Betriebe zu erhöhen, sondern auch beschäftigungspolitische und strukturpolitische Ziele, die selten mit betriebswirtschaftlichen Erwägungen zu vereinbaren waren. Außerdem war das Personal von Geschäftsbanken, ähnlich wie das von Entwicklungsbanken, selten mit modernen Verfahren zur Projektevaluierung und Risikoabschätzung vertraut. Es verfügte daher nicht über handfeste Daten, auf deren Grundlage es sich gegen politische Vorgaben hätte wenden können. Um nicht in Konflikt mit politischen Vorgaben zu kommen, sträubten sich die Mitarbeiter der Banken sogar, entsprechende Verfahren einzuführen. Erschwerend kam hinzu, dass sich Banken kaum Einblick in die finanzielle Situation ihrer Kreditkunden verschaffen konnten, weil es für Staatsbetriebe keine verbindlichen und standardisierten Buchhaltungsvorschriften gab. So war es nur folgerichtig, dass das Bankenpersonal für wirtschaftlich fehlgeleitete Kredite kaum zur Rechenschaft gezogen wurde, solange sie politisch korrekt waren.[18]

Letztlich ist die Zunahme der notleidenden Kredite auf die problematische Konstellation von Marktelementen und Planelementen in den Beziehungen zwischen Planungsbehörden, Geschäftsbanken und Staatsbetrieben zurückzuführen. Die wirtschaftlich konsequenteste Lösung zur Reduzierung der notleidenden Kredite bestünde darin, das Beziehungsgeflecht zwischen Behörden, Banken und Betrieben aufzulösen sowie Betriebe durch Umstrukturierungen und mehr unternehmerische Entscheidungsfreiheit in die Lage zu versetzen, Gewinne zu erwirtschaften, damit sie Kredite aus eigener Kraft zurückzahlen

---

18 Liu Zhiqiang (2000), S. 1 ff.

können.[19] Diejenigen Betriebe, die ihre Schulden trotzdem nicht nennenswert verringern können, müssten geschlossen werden.

Wenn diese Lösung aus beschäftigungspolitischen Gründen aber nicht erwünscht ist, müssen Haushaltsmittel zur Reduzierung der notleidenden Kredite eingesetzt werden. Freilich nützt eine Entschuldung nur wenig, wenn nicht, zumindest mittelfristig, diejenigen Strukturen verändert werden, die in der Vergangenheit das Anwachsen der faulen Kredite begünstigten. Entschuldungsmaßnahmen könnten allenfalls auf einen Zeitpunkt verschoben werden, zu dem politische und gesellschaftspolitische Widerstände geringer sind oder den problematischen Auswirkungen besser entgegengesteuert werden kann.[20]

c) *Notleidende Kredite und sonstige Haushaltsschulden*

Fraglich war, wie brisant die notleidenden Kredite aus gesamtwirtschaftlicher Sicht waren, also ob sie eine Bedrohung für die Handlungsfähigkeit des Staates darstellten. In diesem Zusammenhang kommt es insbesondere auf die Höhe der sonstigen Staatsschulden an.

Staatsschulden bestehen aus öffentlichen und öffentlich garantierten Auslands- und Inlandsschulden. Zu Letzteren gehören die akkumulierten Haushaltsschulden und fällige Unterstützungsleistungen für das staatliche Pensionssystem.[21] Nicht zu allen Positionen liegen Angaben vor, einige bedürfen der Erläuterung.

Chinas Auslandsschulden beliefen sich im Jahr 1996 auf 124 Milliarden US-Dollar. Das entsprach circa 15 Prozent des damaligen Bruttosozialprodukts und circa 90 Prozent der Exporte.[22] Ausländische Kreditgeber waren in erster Linie Banken,

---

19 Zhou/Wang (2000), S. 297 ff.
20 Li De (2004), S. 28 ff.
21 Shuanglin (2002), S. 1 ff.
22 Wong (1997), S. 7.

gefolgt von Regierungen und internationalen Finanzorganisationen wie der Weltbank, die Kredite im Allgemeinen zu Vorzugskonditionen vergaben. Zwar waren Auslandsschulden nur bis zum Jahr 1992 automatisch auch Staatsschulden, weil sich der Staat generell für Auslandsschulden verbürgte. Dennoch machten Kredite mit staatlicher Tilgungsgarantie Mitte der 1990er Jahre immer noch den größten Teil der Auslandsverschuldung aus. Für über 80 Prozent der Schulden, das heißt für circa 100 Milliarden US-Dollar, verbürgte sich der Staat.

Dieser Betrag konnte für die öffentliche Hand in Anbetracht der Devisenreserven von 130 Milliarden US-Dollar und des stetigen Stroms ausländischer Direktinvestitionen keine wesentliche Belastung darstellen.[23] Zudem verfügte man über umfangreiche volkswirtschaftliche Ersparnisse, die sich zwar nicht ohne weiteres zur Lösung der Zahlungsprobleme hätten mobilisieren lassen, die aber doch die Handlungsfähigkeit verbesserten. Insofern waren auf Grund der Auslandsschulden keine Einschränkungen des öffentlichen Handlungsspielraums zu befürchten.

Besorgnis lösten allerdings die akkumulierten Haushaltsschulden aus. Dies war bemerkenswert, weil sie auf einem im internationalen Vergleich ausgesprochen niedrigen Niveau lagen. Im Jahr 1994 zum Beispiel beliefen sie sich nach offiziellen Angaben auf fünf Prozent des Bruttosozialprodukts. Freilich hatte es vor den Reformen so gut wie keine Haushaltsdefizite gegeben. Erst nach den Steuerreformen, als Betriebe einen Teil ihrer Gewinne einbehalten durften und deswegen die Staatseinnahmen zurückgingen, begann der Staat, mehr auszugeben, als ihm über Steuereinnahmen zur Verfügung stand. Die akkumulierten Haushaltsschulden stiegen seither an, allerdings auf Werte, die in kaum einem anderen Land Bedenken hervorgerufen hätten – nicht einmal dann, wenn die tatsächliche Ver-

---

23 Zeng Wuyi/Mo Shanxin/Zhang Hongsheng (1997), S. 3 ff.

schuldung das Doppelte oder Dreifache der offiziellen Verschuldung ausgemacht hätte.

Für die besonders ausgeprägte Sensibilität hinsichtlich der öffentlichen Verschuldung gab es mehrere Gründe. In der planwirtschaftlichen Phase waren fiskalische Maßnahmen zur Konjunkturbelebung nicht erforderlich gewesen. Erst nach den Reformen setzte man sich mit den Möglichkeiten einer antizyklischen Fiskalpolitik auseinander. Versuche, Überhitzungen zu verhindern, blieben zunächst allerdings ohne Erfolg. Zeitweise horteten Betriebe Güter, um sie später zu höheren Preisen zu verkaufen, statt die Produktion auszuweiten. Der Staat sah sich daher veranlasst, auch auf administrative Maßnahmen wie Kreditkontingentierung und Preiskontrollen zurückzugreifen.[24] Wirtschaftlichen Abschwüngen wirkte man dagegen erfolgreich durch höhere Staatsausgaben entgegen.[25] Die hierdurch entstehenden Haushaltsschulden waren ein Novum und stießen bei den immer noch zahlreichen dem planwirtschaftlichen Denken verhafteten Befürwortern einer „soliden" Haushaltspolitik auf massive Kritik.

Zunächst wurden die zusätzlichen Ausgaben zum Teil auch über die Notenpresse finanziert. Was leicht vorhersehbar war, trat ein. Es wurden Inflationspotenziale geschaffen, die dann wiederum antizyklische Maßnahmen erforderten. Nach entsprechenden Erfahrungen wurde im Jahr 1995 die Ankurbelung der Wirtschaft mit Hilfe der Notenpresse verboten und festgelegt, dass Defizite ausschließlich durch den Verkauf von Staatspapieren zu finanzieren sind. Die seither ausgegebenen Papiere haben im Allgemeinen eine Laufzeit von zehn Jahren. Nach Regierungsangaben wurden die eingenommenen Mittel – ökonomisch sinnvoll – nicht für den Staatskonsum, sondern für

---

24 Du Haiyan/Zhang Ronggang/Zhong Jiyin/Chen Yimin et al. (1989), S. 41 ff.
25 Jiang Jianping (2003), S. 40 ff.

Infrastrukturvorhaben und zur Modernisierung staatlicher Schlüsselindustrien eingesetzt.[26]

Auch als die wirtschaftliche Dynamik während der Finanzkrise erlahmte, ergriff man zur Belebung der Wirtschaft antizyklische fiskalpolitische Maßnahmen.[27] Die massive Nachfrageausweitung war erfolgreich. Jedenfalls wird geschätzt, dass die Wachstumsrate des Sozialproduktes um 1,5 bis zwei Prozentpunkte über diejenige Wachstumsrate hinaus angehoben wurde, die sich ohne staatliche Verschuldung ergeben hätte.[28] Die entschlossene Verschuldungspolitik ließ aber zahlreiche Ökonomen, die den herkömmlichen Haushaltsidealen anhingen, befürchten, dass die Regierung ihre Vorhaben auch in Zukunft nur allzu bereitwillig über eine Erhöhung der Haushaltsschulden finanzieren würde.

Diese Besorgnis nahm zu, als auch lokale Verwaltungen, die anders als die Zentralregierung grundsätzlich zu einem ausgeglichenen Haushalt verpflichtet sind, eine defizitäre Haushaltspolitik betrieben. Um das Verschuldungsverbot zu umgehen, gründeten sie Gesellschaften oder auch Betriebe, die bei Banken Kredite aufnahmen und eingenommene Mittel an sie weiterleiteten. So war es eher die Besorgnis, dass sich der Staat in Zukunft allzu leichtfertig weiter verschulden würde, als die absolute Höhe der Verschuldung, die Widerstand gegen die Verschuldungspolitik provozierte. Nach allen üblichen Kriterien waren Chinas Haushaltsschulden indessen ebenso wie die Auslandsschulden kaum als problematisch einzuschätzen. Insofern stellten sie keinen Risikofaktor dar, der eine besonders kritische Beurteilung der notleidenden Kredite erfordert und akuten Handlungsbedarf signalisiert hätte.

Über die Höhe der Pensionsverpflichtungen bestanden Mitte der 1990er Jahre nur wenig konkrete Vorstellungen. Erst

---

26 Lin Shuanglin (1999), S. 1 ff.
27 Jiang Jianping (2003), S. 40 ff.
28 Cui Zhiyuan (2002), S. 5 f.

später wurde versucht, diese zu quantifizieren. Für die fehlenden Daten sind im Wesentlichen zwei Ursachen maßgeblich. Einmal gab es keine landesweite Pensionskasse, die über entsprechende gesamtwirtschaftliche Statistiken verfügte und über die Belastung zukünftiger Generationen hätte Auskunft geben können. Vielmehr waren die einzelnen Staatsbetriebe für Pensionszahlungen zuständig, die als „gesellschaftliche Einheiten" neben ihren Produktionsaufgaben zahlreiche soziale Aufgaben, so auch die Versorgung ehemaliger Mitarbeiter, wahrnahmen.

Zum anderen wurde Chinas Sozialsystem nicht von der Zentralregierung, sondern von den regionalen Verwaltungseinheiten organisiert und finanziert. Letzteren fiel mit der Umwandlung der herkömmlichen „Einheiten" in Produktionsbetriebe zwar die Aufgabe zu, Regelungen für ein regionales Pensionssystem zu schaffen und für dessen Finanzierung Sorge zu tragen. Die meisten waren aber mit diesen Aufgaben überfordert, abgesehen davon, dass sie, da überschuldet, finanziell zur Erfüllung ihrer Pensionsverpflichtungen gar nicht in der Lage waren. Dementsprechend gering war ihr Interesse an der Quantifizierung zukünftiger Pensionsverpflichtungen. Diese waren aber sicherlich nicht unbedeutend. Schließlich waren in der planwirtschaftlichen Phase mehr als 100 Millionen Personen in Staatsbetrieben, in der Verwaltung und in sonstigen staatlichen Institutionen tätig. Pensionsverpflichtungen hatten daher wohl ein weit größeres Gewicht als die staatlich garantierten Auslandsschulden und die Haushaltsschulden.

Insgesamt dürfte in der zweiten Hälfte der 1990er Jahre trotzdem ein ausreichender Spielraum zur Entschuldung des Unternehmenssektors bestanden haben. Zudem hätte man letztlich auf die hohen Ersparnisse zurückgreifen können, um die durch die Abschaffung der Dotationsfinanzierung entstandenen uneinbringlichen Kredite aus der Welt zu schaffen, wenn auch unter Belastung zukünftiger Generationen. Dies bedeutete umgekehrt, dass kein akuter Handlungsbedarf diagnostiziert wurde, zumal in Anbetracht der hohen Wachstumsraten zu erwarten war, dass das relative Gewicht der Schulden abnehmen würde. Solche Erwartungen hatten sich freilich in anderen Ländern nicht immer erfüllt. So hatte sogar der Internationale Währungsfonds kurz vor der Asienkrise noch vermutet, dass sich Südkoreas und Indonesiens Bankenprobleme durch Wirtschaftswachstum lösen lassen würden[29] – fälschlicherweise, wie sich bald herausstellte.

Insofern war zwar der Bankensektor in seiner Funktionsfähigkeit erheblich eingeschränkt. Auch hatten sich erhebliche gesamtwirtschaftliche Störpotenziale herausgebildet. Die gesamtwirtschaftliche Stabilität stand aber wohl kaum auf dem Spiel. Das bedeutete, dass Maßnahmen zur Gesundung des Finanzsystems unter strukturpolitischen und ordnungspolitischen Gesichtspunkten zwar auf Dauer erforderlich waren, politisch aber keine Priorität besaßen. Man konnte sich zunächst auf die gesellschaftlich weniger brisante Reduzierung der notleidenden Kredite mit Hilfe haushaltspolitischer Maßnahmen konzentrieren.

1.2 Kapitalmärkte

Um eine Alternative zur Allokation von Investitionsmitteln durch das Bankensystem zu schaffen, wurden Kapitalmärkte entwickelt. Chinas Reformer konnten allerdings, anders als im Bankensektor, bei der Schaffung von Kapitalmärkten kaum auf bestehende Strukturen aus der planwirtschaftlichen Phase zurückgreifen, weil es vor den Reformen keinerlei Aktienmärkte und nur rudimentäre Anleihenmärkte gab.

Grundsätzlich stellen Kapitalmärkte, sofern sie hinreichend funktionsfähig sind, für Banken Konkurrenz dar. Gleichzeitig unterstützen sie Banken bei ihren Geschäften, weil sie ihnen die Refinanzierung ermöglichen und Risikosteuerungsfunktionen

---

[29] International Monetary Fund: IMF Survey, Vol. 32, No. 14, 2003, S. 219.

sowie Kontrollfunktionen übernehmen wie die Bewertung von Unternehmen durch spezielle Rating-Agenturen.[30] Auf diese Weise tragen Kapitalmärkte einen Teil der Informationslast, die ohne sie allein bei den Banken verbliebe.

a) *Segmentierte Aktienmärkte*

Die Entwicklung von Aktienmärkten begann im Jahr 1990 mit der Ausgabe der ersten Aktien von ausgewählten Staatsbetrieben. Es wurden zwei Arten von Papieren angeboten, für Inländer die so genannten A Shares und für Ausländer die B Shares. Im Dezember 1990 wurde die Börse in Schanghai und im Juli 1991 die Börse in Shenzhen gegründet. Es folgte die Ausgabe so genannter H Shares an der Hongkonger Börse und N Shares an der New Yorker Börse. Bei den in Aktiengesellschaften umgewandelten Unternehmen, vor allem bei denen, deren Aktien im Ausland angeboten wurden, handelte es sich um wirtschaftlich verhältnismäßig erfolgreiche große Betriebe unter anderem im Eisen- und Stahlsektor sowie im Elektrizitätssektor.

Die für Inländer angebotenen A Shares hatten bei weitem die größte Bedeutung. So gaben bis Ende 1996 mehr als 500 Firmen A Shares mit einem Wert von insgesamt 120 Milliarden Yuan aus. Der Wert der B Shares betrug im selben Jahr 2,8 Milliarden Yuan, der der H Shares 4,4 Milliarden Yuan. Insgesamt belief sich das Aktienkapital auf etwa die Hälfte der akkumulierten ausländischen Direktinvestitionen.[31]

Allerdings befand sich nur ein Teil der Aktien in privaten Händen. Erhebliche Aktienbestände wurden von der Zentralregierung, regionalen Verwaltungseinheiten, anderen Staatsbetrieben und den Unternehmen selbst gehalten.[32] Staatliche Stellen entschieden über den bei ihnen verbleibenden Aktienanteil nach Maßgabe der volkswirtschaftlichen Bedeutung der

---

30 Stephen/Fischer (2002), S. 37 ff.
31 Xiao Minjie (1997), S. 15 ff.
32 Wan Zheng/Chong Wei (1955), S. 28 ff.

Unternehmen, ihrem Bestand an Anlagen, Ausrüstungen und Grundstücken sowie der gewährten Kredite. Im Staatsbesitz befindliche Aktienbestände wurden nicht an der Börse gehandelt und auch nicht auf sonstige Weise der Öffentlichkeit zugänglich gemacht. Auch Aktien, die von Staatsbetrieben gehalten wurden, durften nicht an der Börse verkauft, konnten aber mit Regierungserlaubnis an andere Unternehmen veräußert werden. Frei gehandelt wurden nur Aktien, die sich im individuellen Eigentum befanden. Ihr Anteil machte in der Regel nicht mehr als die Hälfte des Gesamtkapitals der Aktiengesellschaften aus.

Der Staat behielt einen erheblichen Teil der Aktien in seiner Hand, um als Miteigentümer die Geschäftspolitik der betreffenden Unternehmen weiterhin kontrollieren zu können. Hierbei orientierte er sich unter anderem an Singapore und Taiwan, wo die Regierung über Aktienbeteiligungen Einfluss auf die Wirtschaft ausübte.[33] Auf staatliches Eigentum sollte aber auch deswegen nicht verzichtet werden, weil man China weiterhin als sozialistische Volkswirtschaft verstand. Es sollte unter allen Umständen vermieden werden, dass geschickt agierende Spekulanten Basisunternehmen der chinesischen Wirtschaft in ihre Hand bekommen.

Ferner wurde befürchtet, dass durch den Verkauf staatlicher Aktien die Börsenkurse wegen unzureichender Nachfrage drastisch sinken und Investoren das Vertrauen in Aktien verlieren würden. Kapitalmärkte hätten dann leicht für längere Zeit bedeutungslos werden können. Man traute Aktienmärkten, wohl nicht zu Unrecht, keine effiziente Selbstregulierung zu, weil sich Anleger mangels betriebsrelevanter Informationen kein realistisches Bild von den betreffenden Unternehmen verschaffen konnten. Private Aktieninhaber beklagten zwar staatliche Eingriffe, erwarteten aber gleichzeitig staatliche Eingriffe zur Kurspflege. Vor diesem Hintergrund boten Chinas Kapitalmärkte Investoren keine echte Alternative zur Bankenintermediation.

---

33   Poh Kam Wong/Ng Chee Yuen (1997), S. 122 ff.

Die meisten Firmen, die B Shares für Ausländer ausgaben, boten auch A Shares an. Der Preis der Ersteren lag im Allgemeinen unter dem für A Shares, das heißt, Aktien, die den gleichen Anspruch auf das Vermögen eines Betriebes begründeten, wurden zu unterschiedlichen Preisen gehandelt.[34] Auf diese Weise bildete sich auch im Aktiensektor das in den 1980er Jahren verbreitete duale Preissystem mit seinen problematischen allokationspolitischen Effekten heraus.[35] Gründe für die Preisunterschiede bei den Aktien waren unterschiedliche Knappheitsrelationen in den einzelnen Segmenten. Im Inland war die Nachfrage nach chinesischen Aktien im Allgemeinen wesentlich größer als im Ausland. Derartige Preisdifferenzen wurden bald als problematisch empfunden, weil zum Beispiel illegale Arbitragetransaktionen ausgelöst wurden.[36] Daher kündigte die Regierung bereits im Jahr 1994 an, dass die Märkte für A Shares und B Shares integriert würden. Dies ist freilich bis heute nicht geschehen.

Zu den Gründen für Chinas Zögern gehörte in erster Linie die Befürchtung, dass der ausländische Einfluss auf Chinas Produktionsvermögen zu groß werden könnte.[37] Weil Modernisierungsmaßnahmen in Unternehmen mit ausländischer Aktienbeteiligung vermutlich entschlossener durchgeführt worden wären, was zweifellos ein Effekt allgemein zugänglicher Aktienmärkte gewesen wäre, sorgte man sich zudem, dass die restlichen im staatlichen Eigentum verbleibenden Betriebe noch stärker hinter den „Auslandssektor" zurückfallen könnten. Auch wollte man die Kontrolle über die internationalen Kapitalströme in der Hand behalten und machte Ausländern daher nur ein begrenztes Aktiensegment zugänglich. Eine weitgehende Öffnung des Aktienmarktes für Ausländer wäre jedenfalls schwer mit dem

---

34 Xiao Minjie (1997), S. 19 f.
35 Klenner (2000).
36 Chen Siguang (2003), S. 33 f.
37 Wenkui (2002), S. 91 f.

Bestreben der Regierung vereinbar gewesen, die Konvertibilität des Yuan für Kapitalbewegungen einzuschränken.

Letztlich ging es um die Frage, ob durch Umwandlung weiterer Unternehmen, gegebenenfalls auch der Banken, in Aktiengesellschaften, durch Verkauf der staatlichen Aktienanteile und durch die weitere Öffnung der Aktienmärkte gegenüber dem Ausland die Modernisierung beschleunigt und Kapitalmärkte in größerem Umfang zur Ergänzung und Abstützung der Bankenintermediation genutzt werden sollten. Die Alternative wäre die Aufrechterhaltung der staatlichen Kontrolle wichtiger Parameter, auch der internationalen Kapitalbewegungen, wodurch die Starrheiten des bestehenden Systems, aber auch die mit ihm verbundenen Stabilisierungsmöglichkeiten beibehalten würden. Eine Entscheidung für die erste Option würde Produktivitätsgewinne mit sich bringen, gleichzeitig würden sich aber die Instabilitäten tendenziell erhöhen. Zur Verringerung der Störanfälligkeit wären dann zusätzliche Maßnahmen zur Verbesserung der Funktionsfähigkeit der Aktienmärkte und zur Stärkung des Vertrauens der Investoren notwendig. Freilich lassen internationale Erfahrungen erkennen, dass sich Krisen auch dann nicht ganz ausschließen lassen.

b) Rudimentäre Anleihemärkte
Anleihemärkte existierten nahezu ausschließlich für staatliche Schuldverschreibungen. In geringem Umfang wurden staatliche Schuldverschreibungen bereits in der planwirtschaftlichen Phase an regionale Verwaltungseinheiten und größere Staatsbetriebe veräußert. Ihr Umfang nahm zu, als der Staat nach den Reformen Konjunkturprogramme auflegte und die Umstrukturierung des Bankensystems vorantrieb, wozu er sich entsprechender Finanzierungsinstrumente bediente. Freilich wurden die Kapitalgeber zunächst oft zum Ankauf verpflichtet, so dass man nur mit Einschränkungen von „Märkten" sprechen konnte. Zusätzliche Bedeutung gewannen staatliche Schuldverschreibungen, nachdem im Jahr 1994 dem Finanzministerium verboten worden war,

Konjunkturprogramme durch Zentralbankmittel zu finanzieren, und an der Börse von Schanghai und von Shenzhen Sekundärmärkte für Schatzbriefe geschaffen worden waren.[38]

Märkte für Firmenanleihen waren dagegen nur sehr schwach entwickelt. Unternehmen mussten die Erlaubnis zur Begebung von Anleihen vom Staat einholen, der in den 1990er Jahren entsprechende Anträge nur sehr selten genehmigte.

Erfahrungen anderer Länder belegen indessen, dass aus rudimentären Anleihemärkten rasch funktionsfähige Märkte entstehen können, wodurch wiederum die Liberalisierung des Bankensystems vorangetrieben wird. Ein Beispiel hierfür ist Japan, das lange Zeit über ein bankendominiertes Finanzsystem verfügte. In den 1970er Jahren finanzierte die Regierung ihre Haushaltsdefizite zum ersten Mal durch die Ausgabe längerfristiger staatlicher Schuldverschreibungen. Hierdurch wurde in der Privatwirtschaft das Interesse an Firmenanleihen geweckt, wodurch sich der Staat veranlasst sah, die bisherigen Restriktionen für Firmenanleihen zu vermindern. Danach entwickelten sich entsprechende Märkte sehr rasch. Dies beschleunigte die Liberalisierung des Bankensektors. Weil sich Unternehmen zunehmend über Anleihen finanzierten, verminderten sich tendenziell die Einnahmen der Banken aus Kreditgeschäften, was die Regierung bewog, Banken schrittweise das international übliche Geschäftsspektrum zu eröffnen.[39]

---

38 Ji/Thomas (2005), S. 30 ff.
39 International Monetary Fund: IMF Survey, Vol. 32, No. 13, 2003, S. 208 f.

2 Inadäquate Regelungen im monetären Außenwirtschaftssystem

Im außenwirtschaftlichen Bereich wurden den Unternehmen seit den 1980er Jahren schrittweise Freiräume zugestanden. So wurde ihnen nach und nach erlaubt, Exporte und Importe selbständig durchzuführen. Für Handelszwecke wurde der Zugang zu Devisen erleichtert. Mehrfach wurde das Wechselkurssystem mit dem Ziel geändert, sinnvolle einzelwirtschaftliche Entscheidungen zu ermöglichen. Die Liberalisierung beschränkte sich freilich im Wesentlichen auf Handelstransaktionen. Kapitalverkehrskontrollen behielt man grundsätzlich bei.

Viele der Liberalisierungsmaßnahmen brachten die gewünschten Ergebnisse. Andere erwiesen sich als problematisch. So nahm, wie zu erwarten war, das Handelsvolumen als Folge der Handelsliberalisierung drastisch zu. Gleichzeitig wurden hierdurch aber Anreize und Möglichkeiten zur Umgehung der Kapitalverkehrskontrollen geschaffen. Binnenpreise und Preisrelationen wurden zunehmend von den Weltmarktpreisen beeinflusst, wodurch China auch über das Preissystem stärker in die Weltwirtschaft integriert wurde. Gleichzeitig wurde es aber schwieriger, sich von externen Schocks oder auch nur von unerwünschten Preisentwicklungen am Weltmarkt abzuschotten.

Der Wechselkurs, der in der planwirtschaftlichen Phase häufig nicht einmal die Funktion eines Verrechnungskurses hatte, wurde für einzelwirtschaftliche Entscheidungen maßgeblich und beeinflusste Exporte und Importe von Gütern und Dienstleistungen. Gleichzeitig wurden hierdurch aber illegale Kapitalexporte und Kapitalimporte provoziert: Wenn Wirtschaftssubjekte den Wechselkurs für überbewertet hielten, kam es zu illegalen Kapitalexporten, im umgekehrten Falle wurden Kapitalimporte attraktiv. Das System der Kapitalverkehrskontrollen wurde auf diese Weise porös.

2.1 Handelsliberalisierung, Erhöhung der Währungskonvertibilität und Wechselkursregime

In der planwirtschaftlichen Phase wurden außenwirtschaftliche Entscheidungen weitgehend unabhängig von der Höhe des Wechselkurses getroffen. Über die zu importierenden Güter und Ausrüstungen wurde im Rahmen der volkswirtschaftlichen Planung entschieden. Die Exporte wurden dann so hoch angesetzt, dass die für die geplanten Einfuhren erforderlichen Devisen erwirtschaftet wurden. Um die angesetzten Mengen am Weltmarkt absetzen zu können, wurden Exportgüter gegebenenfalls subventioniert. Wenn bei Importen Gewinne entstanden, wurden diese von den Importgesellschaften einbehalten. Dies änderte sich, als Ende der 1970er Jahre zunächst nur wenigen ausgewählten Betrieben die Möglichkeit eingeräumt wurde, selbständig auch Außenhandelsgeschäfte zu tätigen. Seither beeinflusst der Wechselkurs die im Außenhandel erzielbaren Gewinne und ist, zum ersten Mal seit Einführung der Planwirtschaft in den 1950er Jahren, für einzelwirtschaftliche Export- und Importentscheidungen maßgeblich.

Der Renminbi galt zu jener Zeit als überbewertet. Jedenfalls waren viele der zuvor von Außenhandelsgesellschaften exportierten und subventionierten Güter zu den nunmehr höheren Preisen im Ausland weniger wettbewerbsfähig. Produktionsbetrieben fiel es dementsprechend schwer, Auslandsmärkte zu bedienen. Um die Bearbeitung ausländischer Märkte lukrativ zu machen, wurde daher gleich zu Beginn der Reformen, im Jahr 1978, neben dem offiziellen Wechselkurs ein niedriger „interner" Wechselkurs eingeführt.[40]

Einzelwirtschaftliche Außenhandelstätigkeiten nahmen danach rasch zu. Gleichzeitig sank der staatliche Anteil am Außenhandel. Weil einzelwirtschaftlichen Exporten und Importen ausschließlich der „interne" Wechselkurs zu Grunde lag,

---

40 Xu Yingfeng (2000), S. 263 ff.

verlor der höhere offizielle Wechselkurs rasch an Bedeutung. Er war schließlich fast nur mehr für Touristen relevant, die ihre eingetauschten Yuan teuer bezahlen mussten, in China aber wegen der niedrigen Inlandspreise einen Ausgleich erfuhren. Zu jener Zeit wurden am Schwarzmarkt Yuan zu wesentlich niedrigeren Kursen angeboten. Es hieß, dass Händler im Auftrag devisenhungriger Staatsunternehmen Yuan gegen US-Dollar tauschten. Um diese Geschäfte einzudämmen, senkten Chinas Währungsbehörden mehrfach den offiziellen Wechselkurs. Im Jahr 1985 wurde er schließlich dem internen Wechselkurs angeglichen und mit ihm verschmolzen. Wie sich herausstellte, bedeutete das allerdings noch nicht die Etablierung eines einheitlichen Wechselkurses.[41]

Es gab damals nicht nur Kapitalverkehrskontrollen. Auch Handelsgeschäfte unterlagen den Regeln der Devisenbewirtschaftung. Wenn Firmen für Importe Devisen benötigten, hatten sie bei den zuständigen Bewirtschaftungsbehörden Anträge zu stellen und ihren Devisenbedarf durch Vorlage von Handelsdokumenten zu belegen. Vereinfacht waren die Genehmigungsverfahren für diejenigen Unternehmen, die die Erlaubnis hatten, einen Teil ihrer durch Exporte verdienten Devisen einzubehalten, und daher über eigene Devisen verfügten. In der Regel reichte dann die Benachrichtigung aus, dass eigene Devisen in Anspruch genommen wurden. Grundsätzlich waren auch ausländische Firmen und Joint Ventures Devisenkontrollen unterworfen. Auch sie mussten sich die benötigten Finanzmittel genehmigen lassen, wenn sie nicht über ausländische Währungen zum Import der benötigten Ausrüstungen und Vorleistungen verfügten. Dies war nur dann nicht erforderlich, wenn sie über eigene Devisen verfügten.

Weil derart restriktive Regelungen potenzielle ausländische Investoren vom Chinageschäft abhalten konnten, entschloss sich die chinesische Regierung im Jahr 1985 zur Einrichtung so ge-

---

41 Yang Fan (1995), S. 38.

nannter Foreign Exchange Adjustment Centers. Dabei handelte es sich um regionale Swapmärkte (Tauschmärkte) mit straffen Zugangskontrollen. Zunächst durften dort nur Unternehmen, die mit ausländischem Kapital gegründet worden waren, ihre im Export verdienten Devisen an mit Auslandskapital ausgestattete Betriebe verkaufen. Bei den Wechselkursen, die sich auf diesen Märkten bildeten, handelte es sich grundsätzlich um Marktrelationen. Angebot und Nachfrage wurden freilich durch Zulassungsbeschränkungen beeinflusst. Die Einrichtung dieser Märkte hatte zur Folge, dass es trotz der Verschmelzung von offiziellem und internem Wechselkurs wieder zu einem multiplen Wechselkurssystem kam. Neben dem offiziellen Wechselkurs gab es nunmehr die nach unten abweichenden regionalen Swapmarktkurse.[42]

Dass nur Unternehmen mit Auslandskapital zu den Swapmärkten zugelassen wurden, benachteiligte chinesische Betriebe bei ihren Außenwirtschaftsgeschäften. Für sie war der Zugang zu Devisen nur nach den vorherigen Bestimmungen möglich. Außerdem mussten sie für Devisen einen höheren Preis – den offiziellen Wechselkurs – zahlen als ausländische Unternehmen, die sich Devisen am Swapmarkt beschafften. Die Differenzen zwischen offiziellem Wechselkurs und Swapmarktkursen nahmen rasch zu, weil der Yuan auf den Swapmärkten als Folge der hohen Inflationsraten und der steigenden Devisennachfrage rasch an Wert verlor.

Gleiche Wettbewerbsvoraussetzungen wurden im Jahr 1988, drei Jahre nach Einführung der Swapmärkte, hergestellt, als diejenigen chinesischen Betriebe, die Auslandsmärkte selbständig bedienen und einen Teil ihrer Erlöse einbehalten durften, ebenfalls Zugang zu den Swapmärkten erhielten. Sogar regionalen Verwaltungseinheiten, von denen viele mit Hilfe angegliederter Betriebe faktisch wie Unternehmen agierten, wurde der Zugang zu Swapmärkten erlaubt. Swapmärkte gewan-

---

42 International Monetary Fund: Occasional Papers 141, S. 55 ff.

nen daher rasch an Bedeutung, nicht zuletzt, weil immer mehr chinesische Betriebe Auslandsmärkte selbständig bearbeiten und einen Teil der Devisen einbehalten durften. Jedenfalls wurden im Jahr 1993 bereits 80 Prozent aller Devisengeschäfte auf Swapmärkten abgewickelt.

Der höhere offizielle Wechselkurs verlor dementsprechend immer mehr an Bedeutung. Im Jahr 1994 wurde er auf das inzwischen wesentlich niedrigere Niveau auf den Swapmärkten gesenkt. Damit wurde das duale Wechselkurssystem faktisch beseitigt und ein einheitlicher Wechselkurs und Devisenmarkt geschaffen.

Seither bildet sich der Wechselkurs durch Kauf und Verkauf von Devisen zwischen Banken und sonstigen Finanzinstitutionen. Allerdings greifen währungspolitische Autoritäten durch Offenmarktoperationen, Änderungen von Mindestreservesätzen für ausländische Guthaben und sonstige Maßnahmen immer dann ein, wenn der Wechselkurs dazu tendiert, auch nur geringfügig von der festgesetzten Relation abzuweichen. Bis vor kurzem lag das (seit 1994 bestehende) Austauschverhältnis bei 8,2 Yuan je US-Dollar. Im Juli 2005 beendete die Zentralbank die Ära der Dollarbindung und knüpfte den Renminbi an einen Währungskorb, der aus den Währungen der wichtigsten Handelspartner bestand.[43] Nach Angaben der Zentralbank dominieren US-Dollar, Euro, japanischer Yen, südkoreanischer Won diesen Währungskorb. Ferner sind das britische Pfund, der Singapur-Dollar, der russische Rubel, der malayische Ringgit, thailändische Bath und der kanadische Dollar enthalten.[44] Die Gewichtung der einzelnen Währungen und weitere Angaben zum Währungskorb wurden, internationalen Gepflogenheiten entsprechend, nicht bekannt gegeben. Gleichzeitig wurde der Yuan um zwei Prozent aufgewertet – ein Prozentsatz, der weit

---

43 The People's Bank of China (2005).
44 Asia Times Online, 12. August 2005.

unter den von einzelnen amerikanischen Ökonomen vorgetragenen Vorstellungen blieb.

Im Verlauf des vergangenen Jahrzehnts zeigte sich, dass die 1994 gewählte Wechselkursrelation die Knappheiten zunächst recht gut widerspiegelte. Jedenfalls erforderte die Stabilisierung des Wechselkurses auf dem gewünschten Niveau zunehmend weniger Eingriffe, nicht zuletzt, weil es mit Hilfe antizyklischer Maßnahmen gelang, die Inflationsrate von 22 Prozent im Jahr 1994 auf 2,6 Prozent im Jahr 1998 zu senken.[45] Grundsätzlich hätte die drastische Abwertung des offiziellen Kurses Änderungen in den Außenhandelsströmen erwarten lassen können. Es kam aber weder zu einem stärkeren Anstieg der Exporte noch zur deutlichen Abnahme der Importe. Der Grund war, dass sich nur der offizielle Wechselkurs änderte. Der Wechselkurs, der für den größten Teil der zu Handelszwecken eingesetzten Devisen galt (Swapmarktkurs), blieb nahezu unverändert. Dementsprechend war auch kein signifikanter Anstieg der ausländischen Direktinvestitionen zu beobachten. Bei einer „echten" Abwertung wären Investitionen für ausländische Unternehmen attraktiver geworden, weil sich auf Grund gesunkener Exportpreise die Absatzchancen in China hergestellter Produkte am Weltmarkt verbessert hätten. Ein deutlicher Anstieg ausländischer Direktinvestitionen war aber erst im Jahr 2000 im Zusammenhang mit Chinas Beitritt zur WTO zu beobachten.

Zwei Jahre nach Vereinheitlichung des Wechselkurses, 1996, wurde der Renminbi für Handelstransaktionen konvertibel. Das bedeutete, dass alle Firmen zur Abwicklung ihrer Handelsgeschäfte unmittelbar von Banken Devisen erwerben durften. Chinesischen Staatsbürgern wurde erlaubt, Devisenkonten einzurichten und – in begrenztem Umfang – Devisen für den persönlichen Gebrauch, zum Beispiel für Reisen ins Ausland, zu erwerben. Ausländer erhielten das Recht, ihre Ein-

---

45　Xu Yingfeng (2000), S. 1 ff.

kommen in Fremdwährungen umzutauschen und ins Ausland zu transferieren.

Als Produktionsbetriebe zunehmend unmittelbar Kontakt zum Ausland aufnahmen und die Devisenbewirtschaftung gelockert wurde, konnte dies nicht ohne Einfluss auf die inländischen Preisrelationen bleiben. Zuvor freilich, bis zur Angleichung des offiziellen Wechselkurses an den internen Wechselkurs im Jahr 1984, war das inländische Preissystem trotz erster Liberalisierungsmaßnahmen im Außenhandelsbereich von den Weltmarktpreisen abgeschottet. So wurden zwar die Preise der exportierten Güter auf Basis des internen Wechselkurses festgelegt. Die Preise für importierte Güter wurden aber denen ihrer inländischen Substitute angepasst, wozu man sich unter anderem eines stark differenzierten Importzollsystems bediente, das für die einzelnen Warenkategorien ganz unterschiedliche Zollbelastungen vorsah. Es hieß, dass auf diese Weise die Preise von circa 80 Prozent aller Importgüter den Preisen konkurrierender inländischer Produkte angeglichen wurden.

Erst Mitte der 1980er Jahre begann man, die Inlandspreise für Importgüter unter Zugrundelegung des Wechselkurses in Yuan umzurechnen und auf diese Weise den Preisrelationen am Weltmarkt anzupassen. Ende der 1980er Jahre wurden die Preise von etwa 90 Prozent aller Importgüter entsprechend gebildet. Dies hatte erheblichen Einfluss auf die Preise inländischer Produkte. Weil diese nicht mehr subventioniert wurden, mussten sie unmittelbar mit Importen konkurrieren. Der Einfluss der Weltmarktpreise erhöhte sich zusätzlich, weil der Anteil des Außenhandels am Bruttosozialprodukt wuchs. Er stieg von circa 14 Prozent im Jahr 1978 auf 46 Prozent im Jahr 1993.[46]

Chinas Preissystem erfuhr auf diese Weise Änderungen aus zwei Richtungen. Weil Wirtschaftsplaner zunehmend auf Preisvorgaben verzichteten, bildeten sich auf vielen Märkten tendenziell Knappheitspreise heraus, bestimmt von Binnenangebot und

---

46 Xu Yingfeng (2000), S. 262 ff.

Binnennachfrage. Hinzu kamen Anpassungen an Weltmarktpreisrelationen als Folge der zunehmenden Integration in den Weltmarkt.

Gleichzeitig begannen sich binnenwirtschaftliche Knappheitsrelationen auf Weltmarktpreise auszuwirken. So beeinflussten Chinas rasch ansteigende Textilexporte und die zunehmenden Importe von Energie und sonstigen Ressourcen die Auslandspreise der entsprechenden Güter.

2.2 Kapitalverkehrskontrollen und Kapitalflucht

Im Gegensatz zu Devisentransaktionen im Zusammenhang mit Handelsgeschäften blieben Kapitaltransaktionen grundsätzlich noch strikten Regulierungen unterworfen. Kapitalbewegungen bedürfen bis heute der amtlichen Genehmigung. Um zu verhindern, dass Devisen ohne Autorisierung zu Kapitaltransfers – in China Kapitalflucht, in anderen Ländern Auslandsinvestitionen genannt – genutzt würden, mussten durch Handelsgeschäfte erworbene Devisen innerhalb einer bestimmten Frist entweder in Renminbi umgetauscht oder auf ein Devisenkonto bei den zuständigen Banken eingezahlt werden. Außerdem durften Devisen nur gegen Vorlage von Unterlagen, die den Handelszweck dokumentieren, bei Banken erworben werden.[47]

Das hierfür geschaffene Kontrollsystem war allerdings porös. Inländer und Ausländer fanden zahlreiche Möglichkeiten, die Kontrollen zu umgehen und Kapital ins Ausland zu transferieren. Amtliche Statistiken zu solchen illegalen Kapitalflüssen liegen naturgemäß nicht vor. Ein Indiz dafür, dass Kapital abfloss, ist aber der Anstieg der Zahlungsbilanzposition „Errors and Omissions" auf 15,6 Milliarden US-Dollar im Jahr 1996.[48] Ein weiterer Anhaltspunkt sind die außerordentlich

---

47 Ding (2004), S. 5 ff.
48 Wiemer/Zhang (2004), S. 3 ff.

hohen Direktinvestitionen aus Hongkong und exotischen Regionen wie West-Samoa. Chinesische Investoren, die von den günstigen Bedingungen profitieren wollten, die ausländischen Investoren gewährt wurden, exportierten Kapital, um es dann legal als ausländische Direktinvestitionen wieder nach China zu transferieren. Westliche Firmen, die Investitionen in China planten, hätten keinen Umweg über Hongkong oder gar pazifische Inseln einschlagen müssen, um Investitionserleichterungen in Anspruch nehmen zu können.[49] In den Jahren 1984 bis 1999 wurden schätzungsweise 450 Milliarden US-Dollar aus China ins Ausland transferiert oder in China unangemeldet einbehalten. Eine andere Schätzung beziffert die Kapitalflucht allein im Jahr 1998 auf 87 Milliarden US-Dollar.[50]

Kapitalverkehrskontrollen wurden auf unterschiedliche Weise unterlaufen. Eine vermutlich geläufige Methode war das Ausstellen falscher Rechnungen für Exporte und Importe. Exporte wurden unterbewertet und die Differenz zwischen Rechnungsbetrag und tatsächlichen Einnahmen, die den Behörden nicht gemeldet wurden, im Ausland angelegt. Dieses Vorgehen ermöglichte nicht nur illegale Kapitaltransfers. Es führte auch dazu, dass die Exporte in der Handelsbilanz zu niedrig ausgewiesen wurden. Ähnliche Wirkungen hatte die Ausstellung überteuerter Importrechnungen. Weil die Zahlungen für Importe deren tatsächliche Kosten überstiegen, konnten die mit Hilfe gefälschter Importunterlagen erhaltenen Devisen im Ausland deponiert oder auch unangemeldet im Inland gehalten werden, um sie zum Beispiel am Schwarzmarkt Gewinn bringend zu verkaufen. Außerdem führte die höhere Bewertung der Importe ebenso wie die Unterbewertung der Exporte zur tendenziellen Verschlechterung der (Außen-)Wirtschaftsbilanz.

Eine weitere Methode zum illegalen Kapitaltransfer war die so genannte „Dreiecksverschuldung". Beispielsweise schuldete

---

49   UNCTAD (2001), S. 23 ff.
50   Gunter (2004), S. 68 f.

das Unternehmen A dem Unternehmen B, beide in China, Geld. Das Unternehmen B hatte in Hongkong die Tochtergesellschaft C. A zahlte seine Schulden an C in Hongkong. B hatte dann keine Forderungen mehr an A, erwarb über seine Tochtergesellschaft in Hongkong aber Devisen.

Der Kapitalflucht lagen neben denjenigen Motiven, auf denen auch legale Auslandsinvestitionen beruhen, besondere „transformationsspezifische" Motive zu Grunde. Hierzu gehörten mangelndes Vertrauen in die wirtschaftliche Stabilität des Landes und fehlende Anlagemöglichkeiten im Inland auf Grund unzureichend diversifizierter Kapitalmärkte.

Zwei weitere chinaspezifische Motive kamen hinzu. In den 1980er Jahren und Anfang der 1990er Jahre wurde der Renminbi für überbewertet gehalten. Man erwartete seine Abwertung und hielt es daher für lukrativ, Inlandskapital ins Ausland zu transferieren, die Abwertung abzuwarten und das Kapital dann wieder nach China zu transferieren. Für eine Überbewertung des Yuan gab es unterschiedliche Indizien. Zunächst, in der zweiten Hälfte der 1980er Jahre, stieg der Schwarzmarktkurs an. Im Jahr 1985 zum Beispiel waren für einen US-Dollar 3,5 Yuan zu zahlen, im Jahr 1987 4,48 Yuan und im Jahr 1989 15 Yuan, mehr als das Dreifache des damaligen offiziellen Wechselkurses von 4,72 Yuan je Dollar.[51] Später, nach der Asienkrise, musste der Staat immer häufiger mit Devisenverkäufen intervenieren, um den amtlichen Kurs abzustützen. Vor diesem Hintergrund fiel es schwer, Marktteilnehmer davon zu überzeugen, dass China anders als seine Nachbarländer den Wechselkurs weiter verteidigen könne und würde. Dementsprechend setzten Kapitaleigner zunehmend auf Abwertung und deponierten Kapital im Ausland, um es nach erwarteter Abwertung zurückzutransferieren.

Ein weiteres Motiv für illegale Kapitalexporte war, wie oben erwähnt, die Absicht, exportiertes Kapital als ausländische

---

51 Gunter (2004), S. 67 f.

Direktinvestition wieder nach China zu transferieren, um dann die Vorzugsbedingungen in Anspruch zu nehmen, die ausländischen Investoren gewährt wurden. Hierzu gehörten niedrige Steuersätze, erleichterter Zugang zu internationalen Finanzdiensten und Devisen, bevorzugte Belieferung mit knappen Ressourcen wie Elektrizität und Erdöl, Privilegien bei der Landnutzung, vereinfachte Genehmigungsverfahren für Auslandsreisen, besonderer Schutz der Eigentumsrechte und vieles andere mehr, was chinesischen Investoren, die nicht den Umweg über das Ausland einschlugen, nicht gewährt wurde. Es wird vermutet, dass bis zur Hälfte der aus Hongkong transferierten Mittel und faktisch sämtliche der von bestimmten pazifischen Inseln überwiesenen Mittel ursprünglich Fluchtkapital waren.

Trotz des erheblichen Volumens ins Ausland transferierter Gelder wurde die Kapitalflucht von chinesischen Währungspolitikern kaum als dramatisch angesehen. Sicherlich war sie für die Verwaltung ein unangenehmes Indiz dafür, dass ihre Kapitalverkehrskontrollen nur unzureichend griffen. Auch konnte sie leicht als Beleg dafür aufgefasst werden, dass Chinas Kapitaleigner, denen jahrzehntelang der Zugang zu Devisen vorenthalten wurde, kein Vertrauen in die neue Wirtschaftsführung hatten und Devisen daher lieber im Ausland deponierten. Ernsthafte Zahlungsbilanzschwierigkeiten wurden von den Kapitalabflüssen aber nicht hervorgerufen, weil zum einen ein erheblicher Teil der von chinesischen Eignern im Ausland gehaltenen Mittel reinvestiert wurde und zum anderen erhebliche „echte" ausländische Direktinvestitionen getätigt wurden. So ist auch kein Zurückbleiben der Investitionsquote hinter der Sparquote festzustellen. Immerhin war der Anteil der ausländischen Direktinvestitionen am Bruttosozialprodukt von 0,21 im Jahr 1983 auf fünf bis sechs Prozent in den Jahren 1993 bis 1997 gestiegen.[52]

---

52 Hu Xinghua/Wang Xiaoxian, S. 72.

Freilich bestand insbesondere während der asiatischen Finanzkrise keine Gewissheit darüber, dass die auf Grund unzureichender Kapitalverkehrskontrollen ins Ausland gelangten Mittel auch in Zukunft durch Kapitalreimporte und „echte" ausländische Direktinvestitionen kompensiert würden. Unvorhersehbare Verschlechterungen der wirtschaftlichen und politischen Bedingungen konnten den Zustrom „eigener" und „echter" ausländischer Direktinvestitionen jederzeit verringern und außerdem Inländer zu zusätzlichen illegalen Kapitalexporten veranlassen. Insofern gab es gewichtige Gründe, nach Wegen zu deren Eindämmung zu suchen und die Ursachen der Kapitalflucht zu beseitigen.

2.3 Reglementierung versus Liberalisierung

Zur Eindämmung illegaler Kapitalabflüsse gab es verschiedene Möglichkeiten. Eine Option war die Verschärfung der Kapitalverkehrskontrollen unter Beibehaltung der Wechselkursrelation. Striktere Kontrollen internationaler Kapitalströme hätten China grundsätzlich erlaubt, den Wechselkurs stabil zu halten und gleichzeitig eine unabhängigere Geld- und Konjunkturpolitik durchzuführen.

Ein wichtiger Vorteil, der China aus der Beibehaltung des bisherigen Wechselkurses erwachsen würde, war die Möglichkeit, hierdurch das inländische Konsumgüterpreisniveau tendenziell zu stabilisieren. Wie oben dargelegt, hatten sich bereits viele Güterpreise auf Grund der hohen Außenhandelsverflechtung Chinas den Weltmarktpreisen angenähert. Importgüter wurden daher, weil der Wechselkurs unverändert blieb, zu weitgehend gleichbleibenden Preisen am Binnenmarkt verkauft, wodurch Preisanstiege bei konkurrierenden Inlandsprodukten gedämpft wurden.[53] Eine Abwertung des Yuan aber hätte ausländische

---

53 Xu Yingfeng (2000), S. 272 ff.

Produkte im Inland verteuert und chinesischen Betrieben, die vergleichbare inländische Erzeugnisse herstellten, Spielraum für Preissteigerungen geboten. Insofern kam einem stabilen Wechselkurs durchaus die Rolle eines nominalen Ankers zu.

Eine solche Funktion ist in Entwicklungsländern – und noch mehr in Transformationsländern – wegen des Inflationsdrucks wünschenswert. Die ländliche Bevölkerung versucht häufig zu Beginn der Industrialisierung, durch Erhöhung der Nahrungsmittelpreise Einkommenssteigerungen durchzusetzen. In Transformationsgesellschaften steigen Preise für Wohnraum, Gesundheitsfürsorge und weitere zuvor vom Staat subventionierte Dienstleistungen im Zuge der Reformen. Gleichbleibende Importpreise als Folge eines stabilen Wechselkurses sind dann willkommen, um Inflationstendenzen entgegenzuwirken. Tatsächlich sank Chinas Inflationsrate in der Zeit, in der der Wechselkurs konstant gehalten wurde, von 22 Prozent im Jahr 1994 auf 2,6 Prozent im Jahr 1998. Freilich war der Inflationsrückgang nicht allein auf den konstant gehaltenen Wechselkurs zurückzuführen. Auch massive antizyklische Maßnahmen trugen zur Preisstabilisierung bei.

Nach Ansicht chinesischer Ökonomen und vieler Währungspolitiker in Chinas Nachbarländern haben stabile Wechselkurse weitere Vorteile. Schließlich würden sie den Außenhandel fördern und Ausländer zu Direktinvestitionen ermutigen. Im Falle freier Wechselkurse ließe sich das Wechselkursrisiko zwar grundsätzlich durch Absicherungsgeschäfte reduzieren. Märkte für entsprechende Geschäfte existierten damals aber nicht in China.

Die Alternative zur Fortsetzung der bisherigen Währungspolitik und ihrer Ergänzung durch Kapitalverkehrskontrollen wäre die Abwertung des Renminbi, gegebenenfalls verbunden mit der Einführung flexibler Wechselkurse gewesen. Auch für diese Option gab es gewichtige Argumente. So hatten Exporte der Nachbarländer gegenüber chinesischen Produkten als Folge des drastischen Währungsverfalls an Wettbewerbskraft gewonnen. Eine Abwertung des Renminbi erschien daher denjenigen ratsam, die Chinas Exportstärke bewahren wollten. China wäre dann auch als Standort für ausländische Direktinvestitionen attraktiver geworden.

Abwertungsbefürworter beriefen sich auch darauf, dass mit einer Abwertung tendenziell den Gesetzen von Angebot und Nachfrage Rechnung getragen würde. Die Zunahme der Kapitalflucht in den Jahren 1997 und 1998 sei ein Indiz dafür, dass Marktkräfte auf eine Abwertung drängten. Zudem hätten Währungsinterventionen zur Stabilisierung des Wechselkurses ein Ausmaß erreicht, das mit einem gemanagten Wechselkurssystem, bei dem sich Interventionen nur auf die Verhinderung exzessiver kurzfristiger Fluktuationen beschränken sollten, schwer vereinbar sei. Schließlich sollte spekulativen Kapitalbewegungen entgegengewirkt werden, die möglicherweise gerade durch eine dauerhafte Bindung an eine bestimmte Währungsparität ausgelöst werden konnten. Man vermutete, dass Thailand und andere Länder vor der Krise nicht zuletzt auf Grund der Kopplung ihrer Währung an den US-Dollar Rekordzuflüsse an kurzfristigem Kapital und damit auch exzessive Erhöhungen der Geld- und Kreditversorgung verzeichnet hatten.

Trotz solcher Argumente entschloss sich die chinesische Wirtschaftsführung für die erste Option, das heißt für die Beibehaltung des seit 1994 bestehenden Wechselkurses. Maßgeblich waren neben den dargelegten wirtschaftlichen auch politische Erwägungen. So wurde befürchtet, dass nach der Abwertung der Währungen der meisten südostasiatischen Länder eine gleichgerichtete Änderung des Wechselkurses des Renminbi in Ost- und Südostasien einen Abwertungswettlauf auslösen könnte. Hinzu kam, dass China sein neu gewonnenes Image als eine Nation pflegen wollte, die Aufgaben einer Weltführungsmacht wahrnimmt und im Interesse der regionalen und weltwirtschaftlichen Stabilisierung darauf verzichtet, sich durch Währungsabwertungen Vorteile zu verschaffen.⁵⁴ Wichtig war auch, dass es den Hongkonger Behörden nach einer Abwertung des Renminbi faktisch unmöglich gewesen wäre, den Hongkong-Dollar zum bisherigen Kurs an den US-Dollar zu binden. Eine Abwertung des Hongkong-Dollars kurz nach der Eingliederung der Kronkolonie in das chinesische Staatsgebiet hätte aber einen erheblichen Vertrauensverlust und negative Konsequenzen nicht nur für die Wirtschaft Hongkongs, sondern auch für die chinesische Volkswirtschaft zur Folge gehabt.

Die Entscheidung für die Beibehaltung des Wechselkurses fiel China unter Abwägung der wirtschaftlichen Auswirkungen nicht allzu schwer. Das Risiko, dass sich diese Entscheidung eines Tages als gesamtwirtschaftlich kostspielig erweisen könnte, wurde jedenfalls für gering erachtet. So hatte man in den Jahren 1985 bis 1992 Kapitalzuflüsse von durchschnittlich sechs Milliarden US-Dollar pro Jahr verzeichnet. Im Jahr 1993 stiegen sie auf 27 Milliarden US-Dollar an, ein Jahr später erreichten sie 35,8 Milliarden US-Dollar. In den Jahren 1995 und 1996 beliefen sie sich sogar auf 38,2 und 41,6 Milliarden US-Dollar. Es handelte sich hierbei vor allem um ausländische Direktinvestitionen. Das Portfolioinvestment von Ausländern gewann erst in den 1990er Jahren mit der vermehrten Ausgabe von B Shares und dem Verkauf chinesischer Aktien an den Börsen in Hongkong und New York an Bedeutung. Jedenfalls beliefen sich in den Jahren 1993 bis 1996 die Portfolioinvestmentüberschüsse im Durchschnitt auf 3,5 Milliarden US-Dollar. China konnte all diese Devisenüberschüsse zur Reduzierung der Kreditverbindlichkeiten und zur Vergrößerung der Devisenreserven nutzen, weshalb im Hinblick auf die Devisenbilanz selbst während der Asienkrise keine Abwertung erforderlich erschien.⁵⁵

Dementsprechend wurden im Jahr 1998 die Kapitalverkehrskontrollen verschärft, Möglichkeiten für Inländer, Aus-

---

54 Zhang Xiaopo (1999), S. 77; Zhang Jin (2005), S. 36 ff.
55 Xu Yingfeng (2000), S. 271.

landskonten zu halten, eingeschränkt und bestimmte Kredittransaktionen im Rahmen von Dreiecksgeschäften verboten. Zuwiderhandlungen gegen das Devisenbewirtschaftungsgesetz wurden strenger bestraft. Folge solcher Maßnahmen war, dass sich die bei „illegalen" Kapitaltransfers entstehenden Transaktionskosten erhöhten und dementsprechend die Profite verminderten. Anders als hätte erwartet werden können, führte dies kurzfristig aber nicht zu dem gewünschten Ergebnis. Kapital floss weiterhin ab, im Jahr 1998 noch etwa 87 Milliarden US-Dollar. Dies lässt nicht nur erkennen, dass sich Kapitaleigner bei „illegalen" Kapitaltransfers gut auskannten. Es ist wohl auch ein Indiz dafür, dass man mit weiteren Verschärfungen diesbezüglicher Verordnungen und dementsprechend mit in Zukunft noch höheren Transaktionskosten rechnete und daher „geplante" Kapitalexporte vorwegnahm.

Die Behörden verließen sich nicht allein auf administrative Maßnahmen. Zusätzlich wurden Exporte subventioniert und auf bestimmte Importe höhere Zölle erhoben. Diese Maßnahmen hatten die gleiche Wirkung wie eine Abwertung, aber ohne ihre negativen politischen Effekte. Chinesische Produkte konnten besser mit Erzeugnissen ihrer Nachbarländer am Weltmarkt konkurrieren, ohne dass China seinen Ruf als Nation, die weltwirtschaftliche Führungsaufgaben ernst nimmt, schädigte.

Insgesamt waren die Maßnahmen zur Eindämmung der Kapitalflucht erfolgreich. Illegale Kapitaltransfers gingen drastisch zurück. Später kam es sogar zur Umkehr der „illegalen" Kapitalflüsse. Jedenfalls verzeichnete China seit dem Jahr 2001 „nicht genehmigte" Zuflüsse. Freilich waren die Verschärfung von Kapitalverkehrskontrollen und die Zunahme von Außenhandelssubventionen zur Abstützung der rigiden Wechselkurspolitik mit Chinas grundsätzlichen Reformzielen nur schwer vereinbar.[56]

---

56 Wiemer/Zhang (2004a), S. 3.

IV Entwicklungen im Finanzbereich und weiterführende Reformen

Die von Chinas Wirtschaftsführung nach der asiatischen Finanzkrise vorgenommene Analyse des damaligen Mischsystems hatte ergeben, dass die Beibehaltung des ordnungspolitischen Status quo nicht wünschenswert sein konnte. Die inadäquaten Beziehungen zwischen Banken und Unternehmen hatten erheblichen Sanierungsbedarf geschaffen und erforderten zumindest mittelfristig weiterführende Reformen. Die Kapitalmärkte bedurften entschlossener, auf deren Verbreiterung und Vertiefung ausgerichtete Maßnahmen, um sie in die Lage zu versetzen, die Bankenintermediation zu ergänzen und abzustützen.

1 Bankendominierte versus kapitalmarktorientierte Entwicklung

In Anbetracht des Handlungsbedarfs im Kreditsektor und auf den Kapitalmärkten stellte sich die Frage, ob nicht bestimmte Schwerpunkte zu setzen und vorrangig entweder der Bankensektor oder die Kapitalmärkte zu entwickeln seien. Diesbezüglich gab es international ganz unterschiedliche Vorbilder.

Japan und Deutschland zum Beispiel hatten, freilich bereits in der Vergangenheit, ihre größten Wirtschaftserfolge mit einem bankendominierten Finanzsystem erzielt. Banken waren überdies häufig nicht nur Geschäftspartner, sondern auch strategische Partner von Unternehmen, was dadurch unterstrichen wurde, dass sie Aktienanteile ihrer Kunden hielten. Es wird gesagt, dass sie dazu tendierten, mit Unternehmen eine längerfristige Interessengemeinschaft einzugehen und im Interesse der Stabilisierung gegenseitiger Beziehungen gegebenenfalls auf kurzfristige Gewinnmaximierung durch Wahrnehmung konkurrierender Geschäftsbeziehungen verzichteten. In Deutschland wurde diese Art von Kreditbeziehungen mit dem Begriff „Hausbanksystem",[57] in Japan mit dem Begriff „Mainbanksystem"[58] bezeichnet.

In welchem Maße Beziehungen zwischen Banken und Unternehmen in Deutschland und Japan tatsächlich dieser Charakterisierung entsprachen, ist freilich nicht unumstritten. In Japan wurde von Ökonomen mit abweichender Einschätzung dargelegt, dass Banken und Unternehmen, selbst wenn sie einem gemeinsamen „Verbund", dem so genannten Kigyo Keiretsu, angehörten, stets auch alternative Geschäftsbeziehungen in Erwägung zogen. Unternehmen hätten sich Kapital auch durchaus bei Banken außerhalb ihres „Verbundes" oder am sich zunächst nur langsam entwickelnden Kapitalmarkt beschafft. Umgekehrt hätten Banken wirtschaftlich problematischen Unternehmen ihres „Verbundes" ohne weiteres Kredite versagt – es sei denn, sie hatten sich in der Vergangenheit derart stark in den betreffenden Unternehmen engagiert, dass sie nunmehr an deren Weiterbestand ein vitales Eigeninteresse haben mussten. Insofern ist das „typische Mainbanksystem" möglicherweise nur eine Fiktion, von der die Realität durchaus abweichen kann.[59] Als Kontrastmodell zu kapitalmarktorientierten Ansätzen ist es in der wirtschaftspolitischen Diskussion aber sicherlich brauchbar.

In China könnte erwogen werden, sich an einem solchen bankendominierten Ansatz zu orientieren. Es ließe sich argumentieren, dass Chinas Betriebe auf ihrem Weg in die Marktwirtschaft und zur Bearbeitung von Auslandsmärkten ähnlich wie Japans und Deutschlands Unternehmen in den 1950er Jahren erfahrene Banken als Finanzpartner benötigen, die ihnen langfristig zur Seite stehen. Banken könnten sie bei wichtigen Finanzierungsfragen beraten und bei Rückschlägen auf Grund

---

57 Baums (1994), S. 409 ff.
58 Aoki/Patrick/Sheard (1994), S. 4 ff.
59 Miwa/Ramseyer (2001).

der besonderen Kenntnis ihres unternehmerischen Potenzials unterstützen.

Ein solcher Ansatz setzt aber marktwirtschaftlich erfahrene Banken voraus und erfordert, dass das Bankenpersonal in der Lage ist, unternehmerische Konzepte einzuschätzen und Risiken abzuwägen. Damit war Chinas Bankenpersonal damals überfordert. Auch müssen Banken bei problematischen Vorhaben die Unterstützung versagen und Unternehmen gegebenenfalls bankrott gehen lassen. Chinas Banken waren aber viel zu eng mit den Staatsbetrieben verbunden. Als Gläubiger wären sie sehr bald in Interessenkonflikt geraten, wenn sie bei unzureichenden Wirtschaftserfolgen Kredite hätten versagen müssen. Ohne radikale Modernisierung und geschäftliche Orientierung und ohne grundlegende Änderungen ihrer Beziehungen zu den Unternehmen wären Banken, die in mancherlei Hinsicht möglicherweise noch verkrusteter als staatliche Produktionsbetriebe waren, gar nicht in der Lage, die Rolle einer „Mainbank" zu übernehmen.

Die auf die vorrangige Entwicklung von Kapitalmärkten abzielende Alternative ist vor allem in den USA und in Großbritannien verwirklicht, die wohl über die am besten entwickelten Kapitalmärkte verfügen. Sie haben die bankendominierten europäischen Länder und Japan in den letzten beiden Jahrzehnten in Bezug auf wichtige wirtschaftliche Kennziffern übertroffen. So stieg bei ihnen die volkswirtschaftliche Produktivität rascher, die Reallöhne wiesen höhere Wachstumsraten auf, und es wurden zahlreiche neue Arbeitsplätze geschaffen. Zudem zeichnen sie sich bisher durch eine beachtliche makroökonomische Stabilität aus.[60] Solche empirischen Ergebnisse legen die Vermutung nahe, dass funktionierende Kapitalmärkte in besonderer Weise zur Steigerung und Verstetigung des Wirtschaftswachstums beitragen.

---

60 Financial Times, 16. November 2004.

Im Einzelnen verweisen Befürworter der Kapitalmarktorientierten Strategie darauf, dass Preissignale auf Kapitalmärkten, anders als auf Kreditmärkten, sofort wirkten und Finanzmittel in Projekte mit den höchsten Erträgen lenkten. Märkte für Derivate böten die Möglichkeit, das Risiko auf diejenigen zu übertragen, die zur Risikoübernahme am besten geeignet seien. Hierdurch würden solche unternehmerischen Tätigkeiten unterstützt, die auf die Durchsetzung technologischer Neuerungen und innovativer Geschäftsstrategien abzielten. Nicht ohne Grund seien die USA weltweit zum wichtigsten Standort für Venture Kapital und Startup-Gesellschaften geworden. Zusammengefasst steigerten ausdifferenzierte Kapitalmärkte die Kapitalerträge, ermöglichten wegen des Risikotransfers mit höherem Risiko aber auch mit höheren Erträgen verbundene Investitionen und bewirkten auf diese Weise eine effizientere Kapitalallokation als die Bankenintermediation.

Darüber hinaus böten Kapitalmärkte der Wirtschaftspolitik wichtige Signale. Eine schlechte Wirtschaftspolitik räche sich sehr rasch durch sinkende Preise für Aktien und Wertpapiere und erzwänge frühzeitig ein Umlenken in der Wirtschaftspolitik. Weil in den Preisen für Aktien auch die zukünftigen Entwicklungen antizipiert würden, wären Politiker zudem veranlasst, sich an langfristigen Zielen und nicht nur an kurzfristigen politischen Gewinnen zu orientieren. Rezessionen ließen sich dann leichter rechtzeitig verhindern und Aufschwungphasen verlängern.

Welcher der beiden Ansätze erfolgreicher ist, lässt sich wohl empirisch kaum belegen, weil die Ausgestaltung des Finanzsystems nur einer von vielen Entwicklungsfaktoren ist. In China gab es jedenfalls Befürworter sowohl der Bankenmediation als auch der Kapitalmärkte, wobei die jeweilige Position häufig vom individuellen Ausbildungshintergrund abhing. Viele, die ihre Ausbildung im ostasiatischen Raum erhalten hatten, befürworten eine größere Rolle der Banken. Eine Ausbildung in den USA oder England scheint dagegen Präferenzen für Kapitalmärkte gefördert zu haben. Freilich bestand bei beiden Gruppierungen dahingehend ein Konsens, dass sich weder Bankensektor noch Kapitalmärkte auf einem Stand befanden, der bereits eine Fokussierung auf nur eine dieser Kapitalallokationsformen erlaubt hätte. Banken und Kapitalmärkten fehlen zum Teil noch rudimentäre Voraussetzungen. Im Bankensektor hatten sich darüber hinaus Probleme angehäuft, die der gesamten Volkswirtschaft gefährlich werden konnten. Wenngleich der Umfang der Bankenintermediation nach Auffassung einiger Ökonomen längerfristig reduziert werden sollte,[61] so war doch unumstritten, dass es zunächst darum gehen müsse, die Verwerfungen im Bankensektor zu beseitigen und diesen Bereich weiter zu reformieren.

2 Konsolidierung des Bankensektors

Dementsprechend ergriff man zur Konsolidierung des Bankensektors Maßnahmen, die darauf abzielten, das Verschuldungsproblem in den Griff zu bekommen. Darüber hinaus wurde versucht, die Voraussetzungen dafür zu verbessern, dass Kredite in Zukunft nach den in Marktwirtschaften üblichen Kriterien vergeben würden, um ein erneutes Anwachsen der notleidenden Kredite zu verhindern.[62]

2.1 Zunehmende Unternehmensverschuldung nicht unbedingt ein Risikofaktor

Im Zusammenhang mit den Diskussionen um die notleidenden Kredite wurde die Frage aufgeworfen, ob bereits eine hohe

---

61 Jiang Xiaofuan (2004), S. 8.
62 Xu Zhuanhua (2004), S. 25 ff.

Unternehmensverschuldung als kritisch anzusehen ist, oder ob erst dann Handlungsbedarf entsteht, wenn Unternehmen ihre Schulden nicht zurückzahlen können. Viele Beobachter irritierte der drastische Anstieg der betrieblichen Schulden seit Beginn der Reformen. So beliefen sich die Schulden der Staatsbetriebe im Jahr 1978 auf elf Prozent ihres Vermögens, im Jahr 1997 bereits auf 65 Prozent. Bei einem Viertel der staatlichen Industriebetriebe überstiegen die Verbindlichkeiten sogar deren Vermögenswerte.[63] Hierin wurde ein Indiz für geringe wirtschaftliche Leistungsfähigkeit gesehen.

Eine solche Ansicht wäre in der planwirtschaftlichen Phase nicht ganz falsch gewesen wäre, weil schlecht wirtschaftenden Betrieben seinerzeit Dotationen zur Überbrückung der Engpässe verweigert und lediglich Kredite gewährt wurden. Nach den Reformen konnte das Ansteigen der Verschuldung indessen per se kein Anlass zur Besorgnis sein. Sicherlich stieg mit wachsenden Schulden die Zinslast der betreffenden Betriebe. Dementsprechend verringerten sich ihre Gewinne. Dennoch war dies kein Anzeichen von Ineffizienz, sondern lediglich Ausdruck einer veränderten Unternehmensfinanzierung. Wenn Dotationen durch Kredite ersetzt werden, muss die betriebliche Verschuldung zwangsläufig ansteigen.

Im Jahr 1978 wurden 60 Prozent aller Anlageinvestitionen durch Dotationen, 1,7 Prozent durch Kredite und der Rest durch einbehaltene Gewinne und sonstige Mittel finanziert. Kredite dienten im Wesentlichen der Deckung von Bedarfsspitzen. Im Zuge der Reformen wurde der Anteil der dotationsfinanzierten Anlageinvestitionen kontinuierlich gesenkt. Im Jahr 1998 deckten die Staatsbetriebe nur mehr sieben Prozent ihres Finanzbedarfs zur Durchführung von Investitionen in Anlage- und Umlaufkapital durch Dotationen. Entsprechend stieg der Anteil der Kreditfinanzierung. Banken hatten im Jahr 1978 nur gut 23 Prozent aller für Anlage- und Umlaufkapital benötigten

---

63 Holz (2002), S. 2.

Mittel zur Verfügung gestellt. Bis zum Jahr 1986 stieg dieser Anteil auf gut 68 Prozent.[64] Nach der nahezu vollständigen Umstellung von der Dotationsfinanzierung auf die Kreditfinanzierung erhöhte sich die Schuldenquote (gemessen am Vermögen) aber nicht mehr,[65] was als Beleg dafür gewertet werden kann, dass die Schuldenzunahme in erster Linie auf Änderungen bei der Unternehmensfinanzierung beruhte.

Der Anstieg der Verschuldung musste auch nicht zwangsläufig zu einer Abnahme der Rentabilität führen. Wenn das eingesetzte Fremdkapital zu zusätzlichen Einnahmen in Höhe der Zinsbelastung führt, ist dieser Finanzierungsvorgang ergebnisneutral und hat keinen Einfluss auf die Rentabilität. Wenn der Zinssatz niedriger ist, haben Firmen sogar Anreize, sich zu verschulden, statt zusätzliches Eigenkapital einzusetzen, weil eine Erhöhung der Verschuldung die auf das Eigenkapital berechnete Rentabilität erhöht. Nur wenn der Zinssatz höher ist, sinkt die Rentabilität.[66]

Aus der hohen betrieblichen Verschuldung allein ließ sich daher kein besonderer Handlungsbedarf ableiten. Problematisch waren die hohen Betriebsschulden aber in Verbindung mit der Zunahme der notleidenden Kredite, weil diese den Handlungsspielraum von Kreditnehmern und Kreditgebern einengten und zur Erosion des Vertrauensverhältnisses beitrugen. Chinas Wirtschaftsführung sah daher Korrekturen zu Recht als erforderlich an.

Um die notleidenden Kredite zu reduzieren, ergriff die Regierung im Wesentlichen zwei Maßnahmen: Banken wurde frisches Kapital zur Verfügung gestellt, und Geschäftsbanken konnten notleidende Kredite auf neugegründete Institutionen übertragen.

---

64 Qian Xiaoan (2004), S. 12.
65 Lardy (1998), S. 41 ff.
66 Holz (2002), S. 2 ff.

2.2 Kapitalinjektionen

Die Kapitalinjektionen erfolgten nach Abwägung unterschiedlicher Optionen. Eine Möglichkeit bestand darin, den Banken zusätzliches Kapital zur Verfügung zu stellen und sie in die Lage zu versetzen, ihre faulen Kredite eigenständig durch Forderungsabschreibungen und Maßnahmen zur Risikovorsorge zu vermindern. Freilich bestand hierbei die Gefahr, die Situation nur kurzfristig zu verbessern, weil Banken, die für ihr vorheriges Kreditgebaren nicht zur Rechenschaft gezogen werden, sich ermutigt sehen könnten, weiterhin zweifelhafte Kredite zu vergeben.

Ein anderer Weg zur Rekapitalisierung der Banken bestand darin, diesen die Emission von Anteilsscheinen zu erlauben. Der Staat würde auf diese Weise nicht belastet werden. Auch würden, anders als bei der ersten Option, kaum Erwartungen geweckt, dass der Staat in Zukunft, sollten die Bestände uneinbringlicher Forderungen erneut steigen, Unterstützung gewährt. Der dritte diskutierte Ansatz waren Kapitalinjektionen direkt bei den Staatsbetrieben, wodurch diese in die Lage versetzt würden, ihre Schulden bei den Banken zu begleichen und ihre Bilanzen zu entlasten.

Die Regierung entschied sich für die erste Option. Gegen die Emission von Anteilsscheinen durch die Banken sprach, dass die Öffentlichkeit an deren Erwerb in Anbetracht der schlechten Geschäftslage der Emittenten vermutlich kaum Interesse hatte. Auch ausländische Kapitaleigner wären zum Erwerb derart problematischer Emissionspapiere wohl kaum bereit gewesen (eine Beteiligung von Ausländern an Staatsbanken wurde damals allerdings ohnehin nicht ernsthaft in Erwägung gezogen). Gegen eine Kapitalinjektion direkt bei den Staatsbetrieben entschied man sich, weil es zweifelhaft schien, dass die Verwaltung in der Lage sein würde, diejenigen Unternehmen auszuwählen und mit frischem Kapital zu versorgen, die wirtschaftlich die besten Voraussetzungen boten.

Im Jahr 1998 veräußerte das Finanzministerium Schatzpapiere im Wert von 270 Milliarden Yuan und verwendete die Einnahmen für die Rekapitalisierung der Staatsbanken. Die Kapitalinjektionen beliefen sich auf 3,4 Prozent des Bruttosozialprodukts.[67] Um die Liquidität der Banken zu vergrößern, wurden gleichzeitig die Mindestreservesätze von 13 auf acht Prozent gesenkt. Als Folge dieser Maßnahmen verbesserten sich zunächst die Bilanzen der vier Staatsbanken, allerdings nur kurzfristig, weil sich bald die oben dargelegte Befürchtung bewahrheitete. Die unterstützten Banken verstanden die Liquiditätshilfen nicht als einmalige Hilfestellung zur wirtschaftlichen Gesundung, sondern erwarteten, dass auch in Zukunft staatliche Hilfe gewährt würde. Sie vergaben weiterhin Kredite an problematische Schuldner, wozu sie freilich zum Teil nach wie vor von Planungsbehörden angehalten wurden.[68] Weitere Kapitalinjektionen wurden daher erforderlich. So wurden Ende 2003 zunächst der Bank of China und der China Construction Bank je 22,5 Milliarden US-Dollar aus den Devisenreserven zur Verfügung gestellt.[69]

2.3 Forderungsübertragung auf Vermögensverwaltungsgesellschaften

Ein Jahr nach der ersten Kapitalinjektion, im Jahr 1999, ergriff man zur Reduzierung notleidender Kredite auch die zweite der oben genannten Maßnahmen. Nach dem Vorbild der amerikanischen Resolution Trust Corporations wurden vier Vermögensverwaltungsgesellschaften, die so genannten Asset Management Corporations, gegründet.[70] Eigentümer war das Finanzminis-

---

67 Prasad (2004), S. 32.
68 Lin (1999), S. 2; Wong/Chen (2003), S. 8.
69 Prasad/Wei (2005), S. 14.
70 Zhu Min/Huang Jinkao (1999), S. 3 ff.

terium, das jeder Gesellschaft Eigenkapital in Höhe von zehn Milliarden Yuan zur Verfügung stellte. Die Gesellschaften sollten als unabhängige Körperschaften die Bilanzen der vier staatlichen Geschäftsbanken von der Last der uneinbringbaren Kredite befreien, indem sie die Risikopositionen der Banken erwarben, umwandelten und verkauften. Darüber hinaus sollten sie Betriebe umstrukturieren und in wirtschaftlich erfolgreiche Unternehmen verwandeln.

Jeder Geschäftsbank wurde eine spezielle Asset Management Corporation zugeordnet, Xinda der China Construction Bank, Huarong der Industrial and Commercial Bank, Dongfang der Bank of China und Changcheng der Agricultural Bank. Den Asset Management Corporations wurde ein großer Handlungsspielraum bei der Reorganisation der Staatsunternehmen, bei Umschuldungen, bei Verbriefung und Verkauf von Forderungen und bei der Ausgabe von Handelspapieren gewährt. Ein Jahr nach ihrer Gründung hatten sie zwischen zehn und 20 Prozent der notleidenden Kredite der Staatsbanken übernommen. Insgesamt wurden die Geschäftsbanken bis dahin um 1,4 Billionen Yuan (169 Milliarden US-Dollar) entlastet. Im Jahr 2004 übertrugen sie weitere uneinbringbare Forderungen in Höhe von etwa 50 Milliarden US-Dollar auf die Asset Management Corporations.[71] Im Austausch für ihre Kreditforderungen erhielten sie von den Asset Managment Corporations emittierte Anleihen mit einer Laufzeit von zehn Jahren, die durch Garantien des Finanzministeriums abgesichert waren. Zinsen und Tilgung wurden erst am Ende der Laufzeit fällig. Dies bedeutete, dass Banken durch den Erwerb dieser Anleihen ihre Bilanzposition unmittelbar verbesserten. Ihren Zahlungsanspruch gegenüber den betreffenden Asset Management Corporations können sie aber erst zum Ende der Anleihenlaufzeit geltend machen.[72]

---

71 Prasad (2004), S. 46 ff.; Financial Times, 4. April 2005.
72 Wong/Chen (2003), S. 8 ff.

Die Asset Management Corporations bemühten sich, innerhalb der Laufzeit die nunmehr in ihrem Portefeuille geführten notleidenden Kredite zu möglichst günstigen Bedingungen abzusetzen, vor allem durch Umwandlung von Schulden in Beteiligungen.[73] Papiere, für die sie keinen Käufer finden, muss das Finanzministerium zum Nominalwert übernehmen. Dies läuft auf eine zeitlich verzögerte Rekapitalisierung der Banken und faktisch auf die nachträgliche Gewährung von Dotationen hinaus, die seit den Reformen im Jahr 1984 eigentlich nicht mehr vorgesehen waren. Finanzmittel, die seit 1984 als Kredite zur Verfügung gestellt wurden, würden letztlich doch noch, wie bei Subventionen üblich, aus dem Budget bestritten.[74]

Die Bereinigung des Bankensektors von notleidenden Krediten wird, wie die Erfahrungen anderer Länder belegen, für den Haushalt auch dann sehr kostspielig, wenn es gelingt, einen Teil der erfolgversprechenden Forderungen in Eigenkapital umzuwandeln. In den USA mussten im Zusammenhang mit der Saving and Loan Crisis fünf bis sieben Prozent des Sozialproduktes, in Südkorea zur Korrektur der Kreditbeziehungen circa 15 Prozent des Sozialproduktes aufgebracht werden. Die japanische Regierung stellte in den Jahren 1998 und 1999 circa 86 Milliarden US-Dollar zur Bereinigung der Bankenkrise zur Verfügung.[75] In China, so wurde auf der Basis des Stands der notleidenden Kredite des Jahres 2001 geschätzt, könnten circa 40 Prozent des Sozialproduktes erforderlich werden.

Die endgültige Haushaltsbelastung wird, sofern der Bestand der uneinbringbaren Kredite nicht weiter steigt, davon abhängen, wie weit es Asset Management Corporations gelingt, die notleidenden Kredite zu verringern. Auch ausländische Finanzinstitutionen sind bereits in entsprechende Geschäfte involviert. Zum Beispiel kooperierte Huarong mit Morgan Stan-

---

73 Chen/Shih (2004), S. 35 f.
74 Howson (2001), S. 56 ff.
75 Financial Times, 14. März 2005.

ley.[76] Von den bis Ende 2002 durchgeführten Debt Equity Swaps, mittels derer man die notleidenden Kredite um etwa 300 Milliarden Yuan reduzierte, wurde ungefähr ein Zehntel mit Hilfe ausländischer Finanzinstitutionen durchgeführt. Insgesamt erbrachten diese Debt Equity Swaps circa 100 Milliarden Yuan.

Ein erheblicher Teil der von den Asset Management Corporations übernommenen Kredite ist allerdings noch nicht veräußert worden. Als ein großes Hindernis für das Absetzen der Forderungen erwies sich der Mangel an funktionierenden Finanzmärkten.[77] Auch kann bisher auf nur wenige der international üblichen Finanzierungsinstrumente zurückgegriffen werden.[78] Immerhin zeigt der Anteil der notleidenden Kredite am Gesamtkreditvolumen der vier staatlichen Banken nach amtlichen Angaben seit dem Jahr 1999, als er bei fast 40 Prozent lag, eine fallende Tendenz. Im Jahr 2000 betrug er etwa 29 Prozent, im Jahr 2001 circa 25 Prozent, im Jahr 2002 ungefähr 26 und im Jahr 2003 circa 21 Prozent. Zuvor, in den Jahren 1994 bis 1998, war er von 20 auf 35 Prozent gestiegen.[79]

Trotz der sinkenden Raten zeigte sich die internationale Finanzwelt alarmiert. Man führte eigenständige Schätzungen des Anteils der nicht einbringbaren Kredite an den Gesamtkrediten durch und ermittelte Werte, die weit über den offiziellen Angaben lagen. So errechnete Moody's für das Jahr 2002, als offiziell 26 Prozent angegeben wurden, einen Anteil von 40 Prozent und Standard & Poor's einen Anteil von 50 Prozent.[80]

Die unterschiedlichen Angaben zu den notleidenden Krediten machen ersichtlich, dass über ihr Ausmaß keine Klarheit besteht. Die Ungewissheiten waren zunächst zum Teil darauf zurückzuführen, dass China über ein von den internatio-

---

76 Li Yaxin (2004), S. 27.
77 Peng Hui (2004), S. 23 ff.; Zhao Yelong (2000), S. 9.
78 Bei Duoguang (2004), S. 88.
79 Shi Huaqiang (2004), S. 9.
80 Wong/Chen (2003), S. 1.

nalen Standards abweichendes Krediteinstufungssystem verfügte. Im Jahr 1999 aber übernahm China das internationale Credit Rating System, das eine Einteilung der Kredite in fünf Kategorien vorsieht. Banken wurden angewiesen, ihre Kredite entsprechend der Rückzahlungsfähigkeit der Kreditnehmer zu bewerten und diesen fünf Kategorien zuzuordnen. Das Ergebnis war wohl ein etwas realistischeres Bild von der Rückzahlungsfähigkeit der Staatsbetriebe. Die wesentlich über den chinesischen Angaben liegenden Schätzungen der internationalen Ratingagenturen lassen aber erkennen, dass der Bewertungsspielraum immer noch sehr groß ist. Vermutlich unterschätzt die chinesische Führung die Last der notleidenden Kredite, zumal weitere Finanzinstitutionen, so die ländlichen Kreditkooperativen und sogar einige Joint-Equity-Geschäftsbanken, ähnliche Finanzprobleme haben.

2.4 Verschärfte Überwachung der Kreditgeschäfte mit dem privaten Sektor

Anders als häufig vermutet, werden nichtstaatliche Kreditnehmer gegenüber Staatsbetrieben keineswegs diskriminiert. Im Gegenteil: Privatunternehmen wurden von Banken in der Vergangenheit mit erheblicher Liquidität versorgt. Dies ist zum Beispiel daran abzulesen, dass die im Jahr 2004 zusammengebrochene D'long-Gruppe von Staatsbanken Kredite in Höhe von circa 30 Milliarden Yuan erhalten hatte;[81] bei ihr handelte es sich um Chinas größte private Investitionsgesellschaft.

Kreditgeschäfte mit Privatunternehmen nahmen zu, nachdem Banken in den 1980er Jahren erlaubt worden war, bei entsprechend hohen Einlagen über ihre vorgegebenen Kreditquoten hinaus Kredite zu gewähren und Bonuszahlungen in Abhängigkeit von der Höhe der Einlagen zu zahlen. Die Kombi-

---

81 CEQ Bulletin (2004).

nation dieser Maßnahmen führte dazu, dass das Bankenpersonal Kreditanfragen von Privatunternehmen allzu häufig ohne sorgfältige Prüfung positiv beschied, wenn Kreditkunden einen bestimmten Teil des gewährten Kredites bei ihnen als Einlage deponierten. Auf der Basis dieser Einlage wurde den kreditnehmenden Unternehmen ein Wechsel ausgestellt. Wenn eine Firma von einer Bank zehn Millionen Yuan als Kredit erhielt, legte sie fünf Millionen bei dieser Bank an. Auf dieser Basis wurde ihr zusätzlich – unter Berücksichtigung der Mindestreservevorschriften – ein Wechsel in Höhe von 25 Millionen Yuan ausgestellt. Insgesamt gewährte die Bank dem betreffenden Unternehmen dann 30 Millionen Yuan Kredit.

Mitarbeiter der Banken waren ähnlich wie bei Krediten an Staatsbetriebe wenig an der Risikoabwägung interessiert. Wichtig für sie war die Erhöhung ihrer Bonusleistungen. Diese ließen sich durch die Weiterführung des dargelegten Kreditschöpfungsprozesses sogar noch vergrößern und zwar immer dann, wenn Firmen Wechsel nicht bis zur Fälligkeit hielten, sondern gegen einen Diskont bei Banken einlösten, einen Teil der erhaltenen Summe einlegten und auf Basis dieser Einlage erneut Wechsel über einen Betrag, der ein Vielfaches der Einlage ausmachte, erwarben.

Derartige Kreditschöpfungsprozesse sind international grundsätzlich üblich. Sie dienen dazu, wirtschaftliche Transaktionen durch die Bereitstellung von Liquidität finanziell abzustützen, wobei die damit einhergehende Ausweitung der Geldmenge durch die Höhe der zu haltenden Mindestreserven begrenzt wird. Die Basis für die Ausweitung der Geldmenge bilden aber reale Geschäftstransaktionen. Eine Bindung an solche Transaktionen war auch in China vorgesehen. Kreditnehmer und Banken hielten sich aber nicht an entsprechende Vorschriften oder legten gefälschte Dokumente vor.

Auf diese Weise entstand eine Kreditpyramide, wodurch Privatunternehmen, ohne Sicherheiten gewähren zu müssen, mit Finanzmitteln versorgt wurden. Wie die Praxis zeigte, wurden die erhaltenen Mittel aber nicht nur für wirtschaftlich sinnvolle Vorhaben eingesetzt, sondern allzu häufig auch für spekulative Käufe von Produkten und Immobilien. Solange diese später zu höheren Preisen verkauft werden konnten, profitierten die betreffenden Firmen von den Preissteigerungen, verdienten die Banken an den Krediten und erhöhte das Bankenpersonal seine Bonuszahlungen. Entsprechende Transaktionen weiteten sich daher rasch aus. Hierdurch wurde allerdings eine nahezu grenzenlose Inflationierung von Einlagen und damit der Geldmenge ohne jegliche realwirtschaftliche Basis ermöglicht.

Ende 2002[82] und erneut Anfang des Jahres 2004 drang die Bankenaufsichtsbehörde auf das Einhalten der zuvor ignorierten Bestimmungen. Den Banken wurde verboten, Kredite als Einlagen zu verwenden und auf dieser Basis Wechsel auszustellen. Gleichzeitig wurden die Kontrollen des Wechselgeschäftes verstärkt, um sicherzustellen, dass Wechsel nur auf der Grundlage von Geschäftstransaktionen ausgestellt wurden.[83]

Diese administrativen Regulierungsmaßnahmen wurden zu einer Zeit getroffen, als die zuvor ergriffenen konjunkturpolitischen Maßnahmen zur Bekämpfung der Inflation Anfang dieses Jahrhunderts bereits zu wirken begannen. Es war daher kaum mehr möglich, durch den Verkauf von Grundstücken und sonstigen für Spekulationszwecke gehaltenen Gütern Profite zu erwirtschaften. Im Gegenteil, die Verkaufspreise lagen häufig unter den Einkaufspreisen, so dass viele Spekulanten Verluste erlitten und Banken befürchten mussten, dass die Verluste ihrer Kreditnehmer ihre eigenen Bilanzen verschlechtern. Sie hätten daher wohl auch unabhängig von der Verschärfung administrativer Kontrollen ihre Vergabepraxis geändert.

Auch das Volumen der Konsumentenkredite, ein Novum in China, wuchs seit dem Jahr 2002 mit zweistelligen Raten. Sie wurden im Allgemeinen für den Kauf von Wohnungen und

---

82 Renmin Ribao, 30. November 2002.
83 China Economic Quarterly, Vol. 8, 2004, Issue 3, S. 10 ff.

Autos verwendet. Vieles spricht dafür, dass Banken auch bei diesen Kreditgeschäften keine sorgfältige Risikoüberprüfung vornahmen. Die Ausfallquoten sollen jedenfalls sehr hoch sein.[84] Um die Inflation zu bekämpfen, wurden auch diese Geschäfte administrativ, in der Regel durch „Moral Suasion" reduziert.

Es hieß in diesem Zusammenhang, dass die Kreditmöglichkeiten für Privatkunden wesentlich stärker eingeschränkt wurden als die für den Staatssektor. Dies mag der Fall gewesen sein. Ursache hierfür war aber wohl weniger die Diskriminierung privater Aktivitäten durch die Regierung als vielmehr der Versuch, marktkonforme geldpolitische Kontrollmechanismen und adäquate Geschäftspraktiken durchzusetzen.

3 Weiterentwicklung von Kapitalmärkten

Kapitalmärkte, die noch in den 1980er Jahren in China nahezu unbekannt waren, haben inzwischen eine erhebliche Bedeutung für die Unternehmens- und Haushaltsfinanzierung sowie für chinesische und nichtchinesische Kapitaleigner. In ihren Strukturen und in ihrer Leistungsfähigkeit unterscheiden sie sich freilich noch beträchtlich von denen in entwickelten Marktwirtschaften. Es ist indessen in der Wirtschaft ein erheblicher Bedarf an funktionsfähigen Aktien- und Anleihemärkten zu beobachten.

3.1 Aktienmärkte

Die Funktionsfähigkeit der Aktienmärkte ist noch eingeschränkt. Zwar wurden im Jahr 2004 circa 1 500 Unternehmen an den Börsen in Schanghai und Shenzhen gelistet. Die Anteilsscheine

---

84 Financial Times, 4. April 2005.

hatten einen Wert von circa 427 Milliarden US-Dollar. Aktienmärkte wurden aber immer noch von staatlichen Anteilseignern dominiert. So kontrollierte die Regierung circa 66 Prozent aller Wertpapiere. Gleichwohl waren die Aktienkurse überaus volatil. Beispielsweise stieg der Shanghai Composite Index von circa 1500 Punkten im Januar 2004 auf über 1700 im April, sank dann aber auf unter 1200 Punkte im Januar des folgenden Jahres.[85]

Um dem Interesse der Wirtschaft an funktionierenden Aktienmärkten entgegenzukommen, traf die Regierung Unterstützungsmaßnahmen. So wurde großen Versicherern wie der China Life Insurance erlaubt, bis zu fünf Prozent ihres Kapitals in chinesische Aktien zu investieren. Der chinesische Wohlfahrtsfonds darf sogar einen größeren Teil seines Kapitals in Werten anlegen, die in Schanghai, Shenzhen und Hongkong gelistet sind. Erste Schritte zur Verschmelzung der Märkte für A und B Shares wurden unter anderem durch die Zulassung von bisher circa 30 ausländischen Banken und Fondsverwaltern als „qualifizierte" Investoren gemacht, die auch Inländeraktien erwerben dürfen. Grundsätzlich sind Aktienmärkte aber noch segmentiert und werden vom Staat dominiert.[86] Da der Staat die Aktienmärkte überwacht und gleichzeitig der größte Aktieneigner ist, ergaben sich weitere erhebliche, die Funktionsfähigkeit der Aktienmärkte beeinträchtigende Konflikte.[87]

3.2 Anleihenmärkte

Schuldverschreibungen werden bislang vor allem vom Staat ausgegeben. Ihre Laufzeit beläuft sich auf drei bis 20 Jahre. Der größte Teil wird im Inland verkauft, im Ausland werden in Dollar, Yen und Euro denominierte Papiere angeboten.

---

85   Handelsblatt, 2. Februar 2005.
86   Chen Siguang (2003), S. 33 f.
87   Li Zhang (2004), S. 35 ff.

Als unternehmerisches Finanzierungsinstrument kommen sie bisher nur begrenzt in Frage. Nach wie vor dürfen nur wenige Firmen wie Sinopec oder Baoshan Iron and Steel Co. Unternehmensanleihen emittieren. Bis 2003 wurden nicht mehr als 324 Unternehmensanleihen zu vom Staat vorgegebenen Zinsen an den Börsen angeboten. Ihr Anteil am gesamten Anleihevolumen belief sich 2003 auf circa fünf Prozent, ihr Anteil am Bruttosozialprodukt auf etwa ein Prozent. Freilich unterschied sich China diesbezüglich nicht wesentlich von anderen asiatischen Ländern. In entwickelten Industrieländern liegt der Anteil dagegen ungleich höher, in den USA zum Beispiel bei 140 Prozent, in Japan bei 95 und in der EU bei 85 Prozent.[88]

In der Vergangenheit zogen es Firmen üblicherweise vor, ihren Kapitalbedarf bei Banken zu decken, weil Kredite wegen ihrer „weichen" Konditionen attraktiv waren. Seitdem Banken bei der Kreditgewährung aber selektiver vorgehen, sind Firmen zur Finanzierung ihrer Expansion auch an der Ausgabe von Schuldverschreibungen interessiert. Als Nachfrager entsprechender Papiere treten Banken, Versicherungsgesellschaften, Pensionsfonds und ausländische Investoren auf, denen der Status eines „qualifizierten" Investors eingeräumt wurde.

Der Anteil der akkumulierten Schuldverschreibungen am Bruttosozialprodukt (Schatzpapiere und Firmenanleihen) stieg von 12 Prozent im Jahr 1997 auf 29 Prozent im Jahr 2003. Damit haben Schatzbriefe inzwischen erhebliche volkswirtschaftliche Bedeutung erlangt, so dass die Regierung mit ihrer Hilfe zinspolitische Vorstellungen durchsetzen kann. In Anbetracht des erkennbaren Interesses der Wirtschaft an Firmenanleihen ist anzunehmen, dass das Firmenanleihensegment rasch an Bedeutung gewinnt, sobald der Staat die notwendigen Voraussetzungen geschaffen hat. Hierzu gehört zum Beispiel die Zulassung von Bewertungsfirmen, die die Performance von Unternehmen einschätzen und Anlegern Entscheidungen erleichtern.

---

[88] Ji/Thomas (2005), S. 3 ff.

In Anbetracht des lange Zeit bankendominierten Finanzsystems ist zwar auch bei einer raschen Entwicklung der Kapitalmärkte nicht zu erwarten, dass Banken in absehbarer Zeit an Bedeutung verlieren. Längerfristig können indessen durchaus in Japan beobachtete Liberalisierungseffekte einer strukturellen Verschiebung hin zur Kapitalmarktfinanzierung auftreten.

Japanische Erfahrungen lassen indessen auch die mit einer zunehmenden Liberalisierung verbundenen Gefahren erkennen. Als sich Japans Unternehmen in den 1980er Jahren zunehmend am Kapitalmarkt finanzierten, ging dies zu Lasten des Kreditgeschäfts der Banken. Banken, die nach wie vor über sehr hohe Einlagen verfügten, suchten daher nach Alternativen zu ihren bisherigen Firmenkundengeschäften und konzentrierten sich auf den Immobilienbereich und den Bausektor. Immobiliengeschäfte und Bauprojekte schienen wenig riskant zu sein, weil die Preise für Grundstücke und Immobilien in den letzten Jahrzehnten fast nur gestiegen waren. Man glaubte, dass sich der bisherige Trend nicht zuletzt als Folge der ausgeprägten Wirtschaftsdynamik und der steigenden weltwirtschaftlichen Rolle Japans fortsetzen würde, und vergab verhältnismäßig bedenkenlos Kredite, solange diese nur hinreichend durch Grundstücke abgesichert waren. Wegen des starken Wettbewerbs unter den Kreditinstituten konnte es sich damals kaum eine Bank leisten, angemessene Risikoprämien zu verlangen.

Als sich die Hoffnung auf immer weitere Preissteigerungen nicht erfüllte, konnten Firmen ihre Kredite nicht mehr zurückzahlen. Die Banken erlitten hohe Verluste. Hinzu kamen weitere Verluste aus Unternehmensbeteiligungen, die rasch an Wert verloren. Folgen waren Betriebsschließungen und Umstrukturierungen. Nahezu ein Jahrzehnt dauerte die Korrektur der Verwerfungen, die darauf zurückzuführen sind, dass das Bankensystem schlecht auf die wachsende Konkurrenz von Kapitalmärkten vorbereitet war.[89]

---

89 Nakaso/Hattori (2002), S. 380 ff.

IV Entwicklungen im monetären Außenwirtschaftsbereich

Ausweitung, Intensivierung und Diversifizierung der außenwirtschaftlichen Beziehungen machten Ende der 1990er Jahre die Weiterentwicklung des monetären Außenwirtschaftssystems erforderlich. In diesem Zusammenhang standen insbesondere das System der Kapitalverkehrskontrollen und das im Jahr 1996 etablierte Wechselkurssystem auf dem Prüfstand.

Die Bewirtschaftung internationaler Kapitalströme war aus Freihandelssicht suboptimal. Zusätzliche Verwerfungen entstanden, weil Kapitalverkehrskontrollen porös waren. Das führte dazu, dass staatliche Präferenzen bei der Kapitalallokation nur begrenzt zur Geltung kamen und illegale Transaktionen dominierten. Neben diesen grundsätzlichen Problemen stellten sich dem Kapitalverkehrskontrollsystem und der Geldpolitik neue Herausforderungen, weil sich die Richtung der illegalen Kapitalströme änderte. Kapital floss nicht mehr ab, sondern drängte auf den chinesischen Markt.

1 Umkehr illegaler Kapitalbewegungen

Lange Zeit, seit Beginn der Reformen, bewegten sich die „illegalen" Kapitalströme aus China heraus. Besonders hoch waren die Kapitalabflüsse während und kurz nach der Asienkrise, weil Kapitaleigner damals mit einer Abwertung des Renminbi rechneten. Die chinesische Wirtschaftsführung, die sich vor allem auf Grund politischer Erwägungen gegen eine Abwertung entschied, verstärkte die Kapitalverkehrskontrollen, senkte den Außenwert des Renminbi faktisch aber gleichzeitig durch Erhöhung der Exportsubventionen und der Importzölle.

Die Folge war ein Rückgang der Kapitalabflüsse und schließlich die Umkehr der illegalen Kapitalströme. Dies ist unter anderem aus Veränderungen im Vorzeichen der Zahlungsbilanzposition „Errors and Omissions" ersichtlich, die sich im Jahr 2003 auf 18,4 Milliarden US-Dollar belief[90] und sich im folgenden Jahr erhöhte. Dementsprechend ist der Anstieg der Devisenreserven im Jahr 2004 um 207 Milliarden US-Dollar nicht allein auf die ausländischen Direktinvestitionen in Höhe von circa 60 Milliarden US-Dollar und die Handelsüberschüsse in Höhe von über 32 Milliarden US-Dollar zurückzuführen,[91] sondern auch auf illegale Zuflüsse.

Kapitalzuflüsse sind grundsätzlich nicht unerwünscht. Insbesondere Entwicklungs- und Transformationsländer haben Anlass, sie als Vertrauensbeweis für eine „richtige" Wirtschaftspolitik zu werten. Allerdings führen sie zur Erhöhung der inländischen Geldmenge und wirken insofern tendenziell inflationär. Preissteigerungen kann freilich durch Sterilisierung der Kapitalzuflüsse entgegengewirkt werden, eine Maßnahme, auf die die chinesische Regierung in den letzten Jahren zunehmend zurückgriff. So sollen im Jahr 2004 zwei Drittel aller Devisenzuflüsse sterilisiert worden sein.[92]

Erfahrungsgemäß führt der Verkauf der zur Sterilisierung des Mittelzuflusses herausgegebenen Schuldverschreibungen zu Zinssteigerungen, wodurch Anreize für zusätzliche Kapitalzuflüsse geschaffen werden, vor allem dann, wenn die Zinssätze im Inland über die im Ausland steigen.

Es zeigte sich, dass Kapitalzuflüsse noch schwieriger einzudämmen sind als Kapitalflucht. Kapitalverkehrskontrollen hatten in der Vergangenheit ausschließlich der Abwehr von Kapitalabflüssen gedient, zumal die Erfahrungen wirtschaftlich weniger entwickelter Länder die Befürchtung genährt hatten, dass geringfügige wirtschaftliche und politische Unsicherheiten den Abfluss erheblicher Ersparnisse ins Ausland verursachen können. Man hatte die Gefahr von Kapitalabflüssen auch des-

---

90 China Statistical Yearbook (2004).
91 Financial Times, 12. März 2005.
92 International Monetary Fund (2004), S. 6 f.

wegen für sehr groß gehalten, weil ein erheblicher Nachfragestau nach Devisen vermutet wurde. Da Privatpersonen lange überhaupt keinen Zugang zu Devisen hatten, könnten, so befürchtete man, schon geringfügige Lockerungen eine Welle der Kapitalflucht auslösen. Der Devisenmangel galt geradezu als chronisches Problem der chinesischen Wirtschaft, das mit allen Mitteln anzugehen sei.[93] Daher war eine mögliche Umkehr illegaler internationaler Kapitalbewegungen bei der Konzipierung von Kapitalverkehrskontrollen überhaupt nicht in Erwägung gezogen worden. Die unerwarteten Kapitalzuflüsse konfrontierten Chinas Kontrollbehörden nun mit ganz neuen Herausforderungen.

2 Motive für illegale Kapitaltransfers nach China

Für die Umkehr der illegalen Kapitalbewegungen gab es mehrere Gründe. Als Chinas Länderrisiko im Zusammenhang mit dem WTO-Beitrag wesentlich geringer eingeschätzt wurde, wollten Investoren auch durch den illegalen Transfer von Kapital nach China von den dortigen hohen Wachstumsraten des Sozialproduktes und den im internationalen Vergleich verhältnismäßig hohen Zinsen profitieren. Hinzu kamen Spekulationen, die dieses Mal, anders als während der Asienkrise, von einer Aufwertung des Renminbi ausgingen. Aufwertungserwartungen wurden von den steigenden Außenhandelsüberschüssen, die als Indiz für die zunehmende internationale Wettbewerbsstärke chinesischer Produkte galten, und den wachsenden Devisenreserven genährt. Hinzu kamen entsprechende politische Forderungen wichtiger Außenwirtschaftspartner, deren Interessen von Chinas Wettbewerbsstärke berührt wurden. Sie drängten nunmehr auf eine Aufwertung des Renminbi, um ihre eigenen Märkte vor chinesischen Importen zu schützen.

---

93 Yang Fan (1995), S. 38.

Damit hatten sich die währungspolitischen Positionen Chinas und seiner Wirtschaftspartner im Vergleich zu denen während der Asienkrise geändert. Damals wurde der Wunsch nach einer Paritätenänderung vor allem von Gruppierungen innerhalb Chinas vorgetragen, die auf diese Weise die Wettbewerbsfähigkeit ihrer Produkte am Weltmarkt steigern wollten. Chinas Außenwirtschaftspartner dagegen waren an der Beibehaltung des damaligen Wechselkurses interessiert. Nunmehr zeigte man sich umgekehrt in China reserviert, wann immer Chinas Außenwirtschaftspartner eine Aufwertung forderten.[94]

Die vom Ausland an China herangetragene Forderung, den Renminbi aufzuwerten, ging zunächst vor allem von den USA aus, die sich von einer aufwertungsbedingten Verteuerung der chinesischen Importe eine Verringerung ihres Defizits im Handel mit China erhofften. Bei China sahen die USA wegen ihres hohen globalen Handelsdefizits ganz besonderen Handlungsbedarf. Den USA war es nämlich durch die in den letzten Jahren erfolgte Abwertung des US-Dollars gegenüber wichtigen Währungen gelungen, ihre Exporte auf vielen, vornehmlich nichtasiatischen Märkten tendenziell zu verbilligen und die Importe von diesen Märkten zu verteuern. Im Handel mit China und anderen asiatischen Ländern konnten aber keine vergleichbaren Effekte erzielt werden, weil deren Währungen an den Dollar gekoppelt waren. So belief sich das bilaterale Handelsdefizit mit China nach amerikanischen Angaben, die freilich korrekturbedürftig sind, im Jahr 2004 auf 162 Milliarden US-Dollar. Dies war das höchste Defizit, das die USA jemals im Handel mit einer Nation erwirtschafteten.[95]

Vor diesem Hintergrund wurde China in immer zahlreicher werdenden Stellungnahmen eine Aufwertung des Renminbi um fünf bis 25 Prozent nahe gelegt. Ein Vorschlag, der auf eine 25-prozentige Aufwertung abzielte, enthielt auch gleich-

---

94 Wiemer/Zhang (2004a), S. 1 ff.
95 Financial Times, 22. März 2004.

zeitig die Aufforderung an andere asiatische Länder, die ähnlich wie China ihre Währung fest an den US-Dollar binden, ihre Währung um 12 bis 13 Prozent aufzuwerten. Hiervon wurde eine Reduzierung des amerikanischen Defizits, das im Jahre 2004 über 700 Milliarden US-Dollar betrug und circa sechs Prozent des amerikanischen Bruttosozialprodukts ausmachte, um 50 bis 60 Milliarden US-Dollar erwartet.[96]

Die EU und Japan schlossen sich Aufwertungsforderungen der USA an. Ein wichtiger Grund hierfür war, dass chinesische Produkte auf dem europäischen und japanischen Markt erheblich an Wettbewerbsstärke gewonnen hatten, weil der Renminbi zusammen mit dem Dollar gegenüber dem Euro nahezu 40 Prozent und gegenüber dem Yen circa 20 Prozent seines Wertes verloren hatte.

In Anbetracht dieser Interessenkonstellation hielten Kapitaleigner den illegalen Kapitaltransfer nach China für lukrativ. Sie bedienten sich grundsätzlich derselben Methoden, die zuvor für Kapitalexporte genutzt wurden. Freilich wurden Exporte nunmehr überbewertet, Importe unterbewertet und „Dreiecksgeschäfte" in umgekehrter Richtung abgewickelt. Zusätzliche Möglichkeiten zum Kapitaltransfer ergaben sich vermutlich auf Grund der Tatsache, dass Renminbi im Ausland problemlos getauscht und Kreditkarten, die auf Renminbi lauten, in Hongkong akzeptiert wurden.[97] Außerdem wurde Kapital für fiktive Investitionsvorhaben importiert, das heißt für Projekte, die – in Absprache mit lokalen Verwaltungen – nie verwirklicht werden sollten.[98]

Neben Spekulanten, die von Zinsdifferenzen und Aufwertung profitieren wollten, transferierten vermutlich auch solche Investoren Kapital nach China, die dort Renminbi benötigten. So werden ausländische Unternehmen, die in China

---

96 Bergsten (2005), S. 13.
97 Wiemer/Zhang (2004a), S. 1 ff.
98 Financial Times, 12. März 2005.

Betriebe errichten wollten, ihr Kapital möglichst vor der erwarteten Aufwertung nach China transferiert haben. Entsprechend werden sich Unternehmen verhalten, die in Zukunft Rechnungen in Renminbi zu begleichen haben. Auch Eigentümer von Fluchtkapital werden, wenn sie in China in Zukunft Investitionschancen wahrnehmen wollen, ihr Kapital lieber vor einer zu erwartenden – deutlichen – Aufwertung in China anlegen wollen. Das Reservoir von Fluchtkapital ist außerordentlich groß. Schätzungen belaufen sich auf bis zu eine Billion US-Dollar, die zuvor unter anderem durch Überbewertung von Importen und Unterbewertung von Exporten sowie durch „Dreiecksgeschäfte" ins Ausland gelangten.

Nicht nur findige chinesische Geschäftsleute, auch Unternehmen mit Auslandskapital, insbesondere hundertprozentige ausländische Töchter von Produktionsunternehmen und Banken sowie Offshore-Holdinggesellschaften führten illegale Kapitalimporte durch.[99] Dies wurde ihnen dadurch erleichtert, dass sie zur Abwicklung ihrer Handelstransaktionen problemlos Währungsgeschäfte tätigen, Kredite in Auslandswährungen aufnehmen und einheimische Forderungen, sei es A Shares oder Wertpapiere, erwerben durften. Als Folge der Aufwertungsgerüchte zogen sie es nunmehr vor, zur Begleichung inländischer Forderungen Kredite in ausländischen Währungen aufzunehmen und in Renminbi zu tauschen, weil nach Aufwertung die Tilgung von Devisenkrediten billiger ist als die von Renminbi-Krediten.

3 Überlegungen zur Neukonzeption des monetären Außenwirtschaftssystems

Die Fragen, mit denen die chinesische Wirtschaftsführung in Anbetracht dieser Entwicklungen konfrontiert war, unterschie-

---

99 Norton/Chao (2001), S. 461.

den sich im Grundsatz nicht wesentlich von denen während der Asienkrise. Es musste eine Entscheidung darüber herbeigeführt werden, ob der währungspolitische Status quo durch Verschärfung der Kontrollen internationaler Kapitalströme, dieses Mal der Kapitalzuflüsse, beibehalten werden sollte. Die Alternative bestand darin, den Renminbi schrittweise auch für Kapitalbewegungen konvertibel zu machen und, sei es unter Beibehaltung des festen Wechselkurssystems oder im Zusammenhang mit dem Übergang zu einem flexiblen Wechselkurssystem, ihn aufzuwerten. Durch eine Aufwertung ließen sich die Erwartungen der Währungsspekulanten tendenziell erfüllen, die Handelsüberschüsse verringern und Anreize für weitere illegale Kapitalzuflüsse reduzieren. Freilich könnte hierdurch auch eine Umkehr der illegalen Kapitalströme ausgelöst werden.

3.1 Präferenzen für feste Wechselkurse

Chinas Wechselkursregime stand damit wieder zur Debatte. In deren Verlauf wurden auch grundsätzlichere Fragen berührt. So hatte man zwar zur Kenntnis genommen, dass seit dem Zusammenbruch des Bretton-Woods-Systems ein Trend hin zu flexiblen Wechselkursen besteht, nicht zuletzt weil diese es Volkswirtschaften ermöglichen, zur Durchsetzung binnenwirtschaftlicher Zielvorstellungen Geldpolitik und Fiskalpolitik unabhängig von ihren Außenwirtschaftspartnern einzusetzen. Man hatte aber auch beobachtet, dass bedeutende Wirtschaftsregionen Vorteile in der Fixierung ihrer Wechselkurse im Rahmen einer Währungsintegration sahen. So hatten sich in den 1980er Jahren Frankreich, Deutschland, die Niederlande, Irland, Belgien und Dänemark verpflichtet, dass ihre Zentralbanken immer dann intervenieren, wenn der Wechselkurs einen bestimmten, sehr schmalen Korridor verlässt. Die Einführung des Euro im Jahr 2001 war aus chinesischer Sicht ein weiteres Argument für ein festes Wechselkurssystem.

Auch zweifelte man auf Grund empirischer Beobachtungen, dass unter den Bedingungen eines flexiblen Wechselkurssystems „richtige" Wechselkurse zustande kämen. Allzu häufig würden fundamental nicht gerechtfertigte Kurse Geschäftszusammenbrüche und sonstige negative Kettenreaktionen auslösen, die die Entwicklung ganzer Volkswirtschaften beeinträchtigten. Nach dem Zusammenbruch des Bretton-Woods-Systems hätten Währungspolitiker derartige Gefahren durchaus vorausgesehen. So sei man bei der Konzipierung der neuen währungspolitischen Strukturen darauf bedacht gewesen, glaubwürdige finanzielle Institutionen zu schaffen, die in der Lage sein sollten, das Ausmaß der Wechselkursschwankungen zu reduzieren und, indem sie Stabilität suggerieren, die psychologische Stimmung von Marktteilnehmern positiv zu beeinflussen. In diesem Zusammenhang hätten Zentralbanken ihre Devisenreserven nach 1973 stark angehoben und in einzelnen Phasen nicht nur massiv interveniert, um ihre währungspolitischen Zielvorstellungen durchzusetzen, sondern auch, um zu demonstrieren, dass sie die währungspolitischen Vorgänge „im Griff" haben. China stände daher, so wurde argumentiert, mit seiner kritischen Haltung gegenüber flexiblen Wechselkursen keineswegs allein.

Es wurde sogar die Annahme in Frage gestellt, dass überhaupt ein „richtiger" Wechselkurs existiert, der sich längerfristig durch die Aktionen privater Unternehmer und internationaler Banker am Markt herausbilden könnte. Eine solche Skepsis wurde unter anderem durch die ganz unterschiedlichen Resultate von Berechnungen des chinesischen Gleichgewichtskurses genährt. Es zeigte sich, dass nur ganz geringfügige Änderungen in den gewählten Parametern zu stark voneinander abweichenden Ergebnissen führen.[100] Administrative Eingriffe zur Wechselkursstabilisierung könnten daher nicht ohne weiteres als „marktinkonform" oder mit dem „Gleichgewichtskurs" nicht

---

100 Prasad (2004), S. 24.

vereinbar gebrandmarkt werden. Im Übrigen seien private Akteure an kurzfristigen Gewinnmitnahmen interessiert und wüssten Schwankungen von Wechselkursen für Devisenspekulationen zu nutzen. So ließen sich häufig höhere Profite erwirtschaften, als durch Produktion und Handel. Devisenspekulanten wären daher an stabilen Kursen überhaupt nicht interessiert. Insofern sei es wichtig, Wechselkurse zu stabilisieren, um die Geschäftsmöglichkeiten für Spekulanten zu reduzieren und Unternehmen zu veranlassen, sich auf die reale Wirtschaft zu konzentrieren.

3.2 Devisenreserven, Handelsströme und Handelsüberschüsse

China war im Zusammenhang mit dem Beitritt zur WTO zwar Verpflichtungen im Hinblick auf die Liberalisierung des Binnenmarktes und seiner außenwirtschaftlichen Beziehungen eingegangen. Die Konvertibilität der Währung auch für Kapitalbewegungen und Änderungen des Wechselkursregimes hatte es aber zunächst nicht in Aussicht gestellt. Diesbezüglich hatte man sich vielmehr auf die IWF-Regeln bezogen, die sowohl flexible als auch feste Wechselkurse akzeptieren. [101] Insofern hatte China bei der Gestaltung seines monetären Außenwirtschaftssystems freie Hand und konnte Vorteile und Nachteile alternativer Ansätze sorgfältig abwägen, um auf dieser Basis Entscheidungen zu treffen.

Freilich musste hierbei der zunehmenden außenwirtschaftlichen Dynamik Rechnung getragen werden, bei der es sich als immer kostspieliger erwies, die Währungskonvertibilität allein auf Handelstransaktionen zu beschränken und das starre Wechselkurssystem beizubehalten. Steigende Kontrollkosten, wachsende volkswirtschaftliche Verwerfungen und Probleme mit

---

101 Wen Jiandong (2004), S. 27 ff.

wichtigen Außenwirtschaftspartnern gehörten zu den Kosten der Beibehaltung des monetären Außenwirtschaftssystems. Auch wollte man, zumindest längerfristig, den Renminbi, neben dem US-Dollar, dem Euro und dem Yen, zur vierten Weltwährung aufrücken lassen.[102]

Konkretere Kriterien dafür, ob Änderungen des Wechselkurses oder sogar des Wechselkurssystems vorgenommen werden sollen, sind Umfang und Veränderungen von Devisenreserven und Handelsströmen. Die Devisenreserven wiesen seit den 1990er Jahren eine steigende Tendenz auf. Anfang dieses Jahrzehnts nahmen sie sprunghaft zu. Ende 2004 beliefen sie sich auf 610 Milliarden US-Dollar, ein Zuwachs von 207 Milliarden US-Dollar gegenüber dem Stand Ende 2003.[103] China stand damit in Bezug auf Währungsreserven nach Japan weltweit an zweiter Stelle.

Ob derartig hohe Liquiditätsreserven wirtschaftlich tatsächlich wünschenswert sind, kann in Frage gestellt werden. Die Erhöhung der Devisenreserven hatte allerdings nach den traumatischen Erfahrungen während der Asienkrise bei fast allen asiatischen Volkswirtschaften, so auch in China, sehr hohe politische Priorität. Damals hatte unter anderem Thailand seine Devisenreserven zur Verteidigung der Währung eingesetzt und innerhalb kurzer Zeit aufgebraucht, so dass es beim IWF Liquiditätshilfen beantragen musste. Hohe Liquiditätsreserven sollten nunmehr die Verwundbarkeit der eigenen Währung reduzieren und Spekulanten, die auf eine Änderung der Wechselkursparität setzen, signalisieren, dass man zur Verteidigung der Wechselkurspolitik willens und in der Lage ist. Dieses Ziel ließ sich für China aber vermutlich bereits mit wesentlich niedrigeren Devisenreserven verwirklichen.

Über die Höhe der Handelsströme gibt es unterschiedliche Angaben. Chinas Statistiken weichen jedenfalls von denen der

---

102 Zhang Jin (2005), S. 43.
103 Financial Times, 12. März 2005.

Partnerländer ab, zum Teil erheblich. Einigkeit besteht lediglich darüber, dass es China gelang, im Handel mit wichtigen Wirtschaftspartnern, vor allem mit den USA, der EU und Japan, Handelsüberschüsse zu erzielen. Mit einigen asiatischen Partnern erwirtschaftete China dagegen Defizite. Insofern waren die mit westlichen Wirtschaftspartnern erzielten Überschüsse grundsätzlich sehr willkommen, um die Defizite im bilateralen Handel mit anderen Partnern zu kompensieren und außerdem die Devisenreserven aufzustocken.

Wie oben dargelegt, war Chinas Handelsüberschuss mit den USA von besonderer Brisanz. China wurden sogar mit Freihandelsprinzipien nicht vereinbare Währungsmanipulationen vorgeworfen, die zum Verlust zahlreicher Arbeitsplätze in den USA geführt hätten.[104] Zunächst in bilateralen Gesprächen, später auch öffentlich, wurde daher die Aufwertung des Renminbi gefordert.

Die USA argumentierten bereits im Jahr 2002 mit beachtlichen Zahlen: Das amerikanische Defizit im Handel mit China beliefe sich auf 103 Milliarden US-Dollar. China präsentierte dagegen ganz andere Zahlen und bezifferte das amerikanische Defizit im bilateralen Handel auf 43 Milliarden US-Dollar. Dies waren nur wenig mehr als 40 Prozent der amerikanischen Angaben. Vergleichbare Differenzen bestanden auch zwischen den Außenhandelsstatistiken Chinas und weiterer Wirtschaftspartner. Gemäß japanischen Statistiken belief sich das von Japan im selben Jahr im Handel mit China erwirtschaftete Defizit auf 27 Milliarden US-Dollar. China setzte das Defizit dagegen mit acht Milliarden US-Dollar an.[105]

Die an China von den Handelspartnern herangetragenen Forderungen nach einer Aufwertung sind daher ganz unterschiedlich zu beurteilen, je nachdem, ob man die Außenhandelsstatistiken Chinas oder die der Partnerländer zu Grunde

---

104 Bergsten (2005), S. 13.
105 Tong (2004), S. 1 ff.

legt. Chinas Statistiken lassen jedenfalls einen wesentlich geringeren Aufwertungsdruck erkennen, zumal China zum Ausgleich der Defizite im Handel mit einigen asiatischen Partnern Überschüsse benötigte.

Wessen Statistiken sind die richtigen? Vermutlich sind alle Angaben nicht ganz korrekt. Ein Grund ist, dass in den jeweiligen Außenhandelsstatistiken Fracht- und Versicherungskosten auf unterschiedliche Weise berücksichtigt werden. Im Allgemeinen geht man davon aus, dass die Kosten auf cif-Basis[106] circa neun Prozent über den Kosten auf fob-Basis[107] liegen. Bezieht man die hieraus resultierenden Abweichungen in die Berechnung ein, so würde sich die Differenz zwischen amerikanischen und chinesischen Angaben wohl bereits erheblich reduzieren.[108]

Weitere Ursachen für die Unterschiede in den statistischen Angaben sind auf Hongkongs Rolle im Außenhandel Chinas zurückzuführen. Hongkong ist eine wichtige Zwischenstation für chinesische Exporte. Lieferungen von China nach Hongkong werden von China aber als Exporte nach Hongkong erfasst, auch wenn diese unverzüglich in die USA weitergeleitet werden. In den USA, die diese Produkte über Hongkong erhalten, werden sie dagegen als Importe aus China registriert. Freilich hört hier die statistische Genauigkeit der USA auf. Amerikanische Produkte, die über Hongkong nach China exportiert werden, zählen nicht zu den amerikanischen Exporten nach China,

---

106 Die Abkürzung cif steht für cost, insurance, freight. Nach dem cif-Konzept werden Transport-, Versicherungs- und Verladekosten, die bis zur Grenze des importierenden Landes entstehen, zum Warenwert hinzugerechnet.

107 Das Kürzel fob bedeutet free on board. In diesem Fall werden nur solche Kosten, die bis zur Grenze des Exportlandes anfallen, dem Warenwert zugeschlagen. Daher fällt das Exportvolumen eines Landes nach dem fob-Konzept regelmäßig geringer aus als nach dem cif-Konzept. Vgl. Fußnote 127.

108 Gunter (2004), S. 70.

sondern zu den Ausfuhren nach Hongkong. Auf diese Weise wird das Handelsdefizit mit China tendenziell überzeichnet.

Um ein realistischeres Bild von den bilateralen Handelsbeziehungen zu erhalten, müssten daher Re-Exporte von Hongkongs US-Importen nach China zu den amerikanischen Exporten nach China addiert werden. Auch eine – allerdings nur geringere – Korrektur der amerikanischen Importe wäre erforderlich, obwohl US-Statistiken die Ursprungsländer und damit sowohl direkte als auch indirekte Importe erfassten. Es müsste nämlich die in Hongkong erfolgte Wertschöpfung im Zusammenhang mit Chinas Exporten in die USA abgezogen werden.

Insgesamt bestünde aber bei der Berücksichtigung dieser Sachverhalte wohl der größere Änderungsbedarf bei Chinas Exportstatistiken, weil Hongkongs Rolle als Re-Exporteur von chinesischen Importen in die USA stärker ins Gewicht fällt als seine Rolle als Re-Exporteur von US-Importen nach China. So wird das Volumen Ersterer auf das Sechsfache der über Hongkong nach China gelieferten US-Produkte geschätzt.[109]

Weitere Unterschiede in den Handelsstatistiken sind schließlich auf die im Zusammenhang mit illegalen Kapitalbewegungen durchgeführten Über- und Unterbewertungen von Exporten und Importen zurückzuführen. Wenn Kapitaltransaktionen durch Überbewertung von Exporten und Unterbewertung von Importen ins Ausland durchgeführt werden, wird ein eventueller Handelsüberschuss größer ausgewiesen als bei einer korrekten Abrechnung. Wenn umgekehrt, wie es in den letzten Jahren der Fall war, illegale Kapitalzuflüsse durch Unterbewertung von Exporten und Überbewertung von Importen erfolgen, fällt der Handelsüberschuss geringer aus. Hätte man Importe und Exporte „richtig" bewertet, wären die ausgewiesenen Handelsüberschüsse höher.

---

[109] Gunter (2004), S. 75 ff.

3.3 Umstrittener Status quo

Vor dem Hintergrund der außerordentlich hohen Devisenreserven, der in chinesischen Statistiken vermutlich unterzeichneten Exportüberschüsse mit wichtigen Industrieländern und der faktisch bereits seit einiger Zeit bestehenden (begrenzten) Konvertibilität des Renminbi schienen die Risiken einer nunmehr auch formalen vorsichtigen und sorgfältig konzipierten Liberalisierung von Kapitalströmen[110] sowie eine Währungsaufwertung der chinesischen Führung schließlich beherrschbar zu sein.

Die damit verbundenen Gefahren sollten allerdings nicht unterschätzt werden. Mehr als 20 Volkswirtschaften, unter ihnen auch Industrieländer mit hoch entwickelten Finanzsystemen, erlebten allein in den letzten 25 Jahren Wirtschaftskrisen, deren Ursprung im Zusammenhang mit internationalen Kapitalströmen steht.[111] Es zeigte sich, dass offene Finanzmärkte wie Schnellstraßen wirken. Man kommt auf ihnen sehr rasch ans Ziel, Unfälle, die sich ereignen, sind aber besonders folgenschwer.[112] In Anbetracht der noch bestehenden Starrheiten im inländischen Finanzsystem und seiner Verwerfungen scheint die Gefahr solcher Unfälle in China besonders groß zu sein.

In den Diskussionen um Chinas monetäres Außenwirtschaftssystem konzentriert man sich daher zurzeit auf weitere Änderungen des Wechselkurses und des Wechselkursregimes. So werden zahlreiche Vorteile aufgelistet, die China aus einer weiter gehenden Aufwertung erwachsen könnten. Entsprechende Beiträge kommen vor allem aus den USA, was in Anbetracht der spezifischen Interessenlage dieses Wirtschaftspartners nicht verwundern kann. Wenn der Außenwert des Yuan stiege oder der Wechselkurs sich sogar frei bewegte, würde China nicht

---

110 Eichengreen/Mussa (1998), S. 426 ff.
111 Sundararajan/Ariyoshi/Ötker-Robe (2002), S. 66 ff.
112 International Monetary Fund: IMF Survey, Vol. 32, No. 19, 2003, S. 155.

mehr exorbitante Überschüsse erzielen, die protektionistische Reaktionen bei Chinas Wirtschaftspartnern provozieren.[113] Ein weiterer Vorteil einer Aufwertung läge darin, dass China die Stabilisierung der Wirtschaft leichter fiele, weil sich die Geldmenge dann nicht mehr in dem Maße wie bisher erhöhte. Dies sei insbesondere in Anbetracht der Tatsache wünschenswert, dass im Jahr 2003 die Preise für Grundstücke und Immobilien drastisch angestiegen waren und bereits mit der Entstehung einer Spekulationsblase gerechnet werden musste. Auch wurde die Frage aufgeworfen, ob es wirtschaftlich überhaupt sinnvoll sei, chinesische Produkte am Weltmarkt zu Billigpreisen anzubieten, nur um immer höhere Devisenreserven zu bilden. Wirtschaftliche Werte würden auf diese Weise am Weltmarkt verschleudert. Schließlich solle man nicht mehr darauf beharren, Vorteile allein in stabilen Wechselkursrelationen zu sehen.[114]

Als Gegenargument wurde vorgebracht, dass die Gefahr protektionistischer Maßnahmen seit dem Beitritt zur WTO nur gering sei, weil Chinas Wirtschaftspartner wüssten, dass China auf Verstöße gegen die Freihandelsprinzipien in Übereinstimmung mit dem Regelwerk der WTO in gleicher Weise reagieren würde. Die Gefahr protektionistischer Maßnahmen als Folge eines überbewerteten Yuans sei daher gering einzuschätzen – jedenfalls geringer als das Risiko, dass die Exporte, die immer noch den wichtigsten Wachstumssektor bilden, durch eine Aufwertung beeinträchtigt werden. Auch sei es inakzeptabel, dass die USA die Ursachen ihrer Wirtschaftsprobleme nicht bei sich suchten, sondern China als Hauptverursacher brandmarkten.[115]

Inflationären Tendenzen, die durch Kapitalzuflüsse hervorgerufen werden, könne man statt durch Aufwertung wie bisher durch Sterilisierung des zugeflossenen Kapitals, das heißt durch den Verkauf von in Renminbi denominierten Papieren

---

113 Lu (2004), S. 3 ff.
114 Liu Renwu/Wu Jingze (2004), S. 100.
115 Liu Zhenlin/Liu Aiwen (2003), S. 60 f.

begegnen. Wenn hierdurch der Zinssatz steige und die illegalen Kapitalzuflüsse zunähmen, müsse man die Kapitalverkehrskontrollen verstärken oder sonstige Gegenmaßnahmen ergreifen. Von Bedeutung war schließlich auch, dass als Folge einer Aufwertung die Importe unter anderem landwirtschaftlicher Produkte drastisch ansteigen könnten. Bereits zu dem bis Juli 2005 geltenden Wechselkurs lagen die Inlandspreise für wichtige landwirtschaftliche Erzeugnisse weit über den Weltmarktpreisen. Die gewaltigen Umstrukturierungsaufgaben in der Landwirtschaft, in der möglicherweise bereits jetzt einige hundert Millionen Arbeitskräfte nicht mehr sinnvoll beschäftigt werden können, würden dann noch vergrößert werden.

3.4 Abstützende Maßnahmen zur Beibehaltung des Status quo

Chinesische Währungsbehörden tendierten nach Abwägung von Vor- und Nachteilen einer Paritätsänderung vorerst zur Beibehaltung des Status quo. Die Vehemenz, mit der Ratschläge von amerikanischer Seite vorgebracht wurden, mag hierzu beigetragen haben. Man klagte in China jedenfalls, dass währungspolitische Änderungen nicht „herbeigeredet" werden dürften. Hierdurch würden nur Währungsspekulationen ermutigt.

Die Entscheidung, so lange an Dollarbindung und unveränderter Wechselkursrelation festzuhalten, wurde dadurch erleichtert, dass die zur Inflationsbekämpfung ergriffenen Maßnahmen zu wirken begannen und daher weniger unkontrollierbare Geldmengenausweitungen als Folge illegaler Kapitalzuflüsse zu befürchten waren. Zu den Maßnahmen gehörten immer noch die in der planwirtschaftlichen Phase übliche Kreditrationierung und „Empfehlungen", bestimmte Branchen und Unternehmen vorrangig mit Krediten zu versorgen, sonstige Kreditgeschäfte aber zu drosseln, sowie Vorgaben von Preisobergrenzen, Anhebung der Mindestreservesätze, Sterilisierungsmaßnahmen, sonstige offenmarktpolitische Maßnahmen und, allerdings sehr zurückhaltend, zinspolitische Maßnahmen.[116]

Zur Abstützung des währungspolitischen Status quo wurden anders als nach der Asienkrise, als Kapitalausfuhren vor allem durch Verschärfung der administrativen Kontrollen verhindert werden sollten, Maßnahmen ergriffen, die eher mit Marktmechanismen vereinbar waren. Sie zielten darauf ab, den Aufwertungsdruck durch Erhöhung der Nachfrage nach Devisen und Drosselung des Devisenangebots zu verringern. So wurden Genehmigungsverfahren für Devisenanträge vereinfacht und beschleunigt. Auslandstouristen durften größere Beträge an Devisen erwerben als zuvor. Inländern wurde der Erwerb von B Shares, das heißt von Aktien, die in Devisen zu bezahlen sind, erlaubt. Das Limit, bis zu dem Inländer Devisen für Handelstransaktionen ohne besondere Nachweise halten dürfen, wurde erhöht. Diskutiert wird derzeit außerdem, den Verkauf von in Auslandswährungen denominierten Wertpapieren zuzulassen.

Zur Verknappung des Devisenangebotes wurden für bestimmte Güter die Exportsubventionen reduziert. In den Fällen, in denen Anpassungen bei den Exportpreisen vorgenommen wurden, lief dies faktisch auf eine produktspezifische Aufwertung des Renminbi hinaus. Die Fristen, innerhalb derer Unternehmen und Privatpersonen im Ausland erwirtschaftete oder erworbene Devisen auf Devisenkonten einzuzahlen hatten, wurden verlängert. Für Banken in Hongkong geltende Bestimmungen wurden dahingehend geändert, dass sie nunmehr auch Privatpersonen Renminbi-Konten anbieten und Konteninhabern gestatten dürfen, pro Tag 20000 Yuan in Devisen umzutauschen.[117] Wie aus dem weiteren Anstieg der Devisenreserven zu ersehen ist, konnten auf diese Weise Devisenangebot und -nachfrage zum geltenden Wechselkurs aber nicht zum Aus-

---

116 Monetary Policy Analysis Group of People's Bank of China (2004), S. 45 ff.
117 Lu (2004), S. 1 ff.

gleich gebracht werden. In Erwartung einer Aufwertung wurden immer größere Kapitalmengen nach China transferiert, so dass das Devisenangebot die Nachfrage immer noch überstieg. Unter diesen Bedingungen hätte eine stärkere Aufwertung nahe gelegen.

Freilich war damit zu rechnen, dass Spekulanten nach einer deutlichen Aufwertung Gewinne realisieren und Renminbi ins Ausland transferieren. Hieraus könnte sich ein Abwertungsdruck ergeben, der, sofern die chinesischen Währungsbehörden an dem höheren Wechselkurs festhalten wollen, eine Verschärfung der Devisenkontrollen, dieses Mal wieder der Devisenabflüsse, erforderlich machen würde. Um Währungsbehörden von diesen Aufgaben zu entlasten, werden daher eine Aufwertung des Renminbi, die Vergrößerung der Schwankungsbreiten von bisher ein Prozent auf fünf bis sieben Prozent diskutiert.[118]

---

118 International Monetary Fund: IMF Survey, Vol. 34, No. 2, 2005, S. 30.

V Zusammenfassung und Fazit

1 Ordnungspolitische Grundstrukturen

Die wichtigsten Strukturmerkmale des chinesischen Mischsystems haben sich in den letzten Jahren nur wenig verändert, wie ein Vergleich der gegenwärtigen Wirtschaftsordnung mit dem Reformstand zur Zeit der asiatischen Finanzkrise erkennen lässt. Marktwirtschaftliche Mechanismen haben zwar einen größeren Spielraum erhalten und sind wohl auch effizienter geworden, nachdem ihr Wirkungsbereich ausgeweitet und konsolidiert wurde. Die Mitte der 1990er Jahre üblichen planwirtschaftlichen Interventionen werden jedoch fortgeführt.

Ausgewählte Staatsbetriebe werden vom Staat geführt, inzwischen freilich von der State-owned Asset Supervision and Administration Commission, die die Interessen des Staates als Eigner der Firmen wahrnimmt. Herstellung und Verteilung wichtiger Produkte werden überwacht. Die Preise weniger, dafür aber umso wichtigerer Produkte werden staatlich kontrolliert, wenn auch häufig nur durch Vorgabe von Richtlinien und Obergrenzen. Der Staat legt Soll- und Habenzinsen fest, erlaubt Banken allerdings, die Sollzinsen um bis zu zehn Prozent unter und bis zu 70 Prozent über den Vorgaben anzusetzen. Nicht zuletzt auf Grund der Erfahrungen in den USA, wo die Deregulierung der Einlagezinsen zu verschärftem Wettbewerb zwischen den Banken und später zur Savings-and-Loan-Krise führte, möchte man die problembehafteten Banken nicht noch einem stärkeren Preiswettbewerb aussetzen.[119]

Richtlinien für die Kapitalallokation werden vom Staat festgelegt und mit Hilfe neugegründeter Entwicklungsbanken, aber auch immer noch der staatlichen Geschäftsbanken durchgesetzt. Zur Verwirklichung konjunkturpolitischer Ziele – in den letzten drei Jahren sollte durch Dämpfung der wirtschaftlichen Aktivi-

---

[119] Li (2004), S. 38 ff.

täten ein Soft-landing herbeigeführt werden – stehen die üblichen modernen geldpolitischen Instrumente zur Verfügung. Man greift in erster Linie aber immer noch auf die herkömmlichen Maßnahmen zur Kreditkontingentierung, die „Moral Suasion" und die Festsetzung von Preisobergrenzen zurück. So wurden die Kreditlinien unter anderem für den Stahlsektor, die Automobilindustrie, die Zementindustrie und den Bausektor verringert. Zur Abstützung dieser Eingriffe wurden die Mindestreservesätze angehoben, im April 2003 um einen und wenig später um einen weiteren halben Prozentpunkt; der Diskontsatz wurde um 0,3 Prozentpunkte erhöht. Vor einem extensiveren Einsatz der Zinspolitik scheut man wegen der Verschuldung des Haushalts und der Staatsunternehmen zurück. Man möchte den zukünftigen finanziellen Spielraum des Staatssektors nicht zu stark einengen.

Im Außenwirtschaftsbereich wurden Handelstransaktionen liberalisiert und der Renminbi für diese Transaktionen konvertibel gemacht. Ausländische Direktinvestitionen bedürfen aber noch der Genehmigung. Portfolioinvestitionen von Ausländern sind grundsätzlich weiterhin auf ein bestimmtes Segment beschränkt, das allerdings weniger strikt als Mitte der 1990er Jahre von den für Inländer zugänglichen Wertpapieren abgegrenzt ist. Die Ausgabe von Schuldverschreibungen und die Aufnahme von Auslandskrediten bedürfen noch der staatlichen Genehmigung. All diese Kontrollen können illegale Kapitalbewegungen, seit circa drei Jahren Kapitalzuflüsse, aber nicht verhindern. Bei diesen Zuflüssen, deren Ausmaß stark anstieg, ist mangels adäquater Rahmenbedingungen zweifelhaft, ob sie gesamtwirtschaftlich sinnvoll eingesetzt werden, obwohl sie privatwirtschaftlich motiviert sind. Es handelt sich wohl vor allem um spekulatives Kapital, das nach Aufwertung des Renminbi zu einem großen Teil zur Realisierung von Währungsgewinnen außer Landes gebracht wird.

Ein solcher ordnungspolitischer Befund kann je nach Standpunkt des Beobachters positiv oder negativ eingeschätzt werden. Derjenige, der Systemstabilität als besonders wichtig ansieht, wird erleichtert sein, dass noch ausreichende planwirtschaftliche Elemente und damit entsprechende Starrheiten vorhanden sind, die China auch in Zukunft von möglichen Wirtschafts- und Finanzkrisen seiner Partnerländer abschotten könnten. Wer aber auf die positiven Effekte eines entschlossenen Übergangs zu Marktwirtschaft und marktwirtschaftlicher Feinsteuerung gewartet hat, wird enttäuscht sein.

2   Finanzbereich

Bei der Untersuchung der Maßnahmen zur Umgestaltung des Finanzbereichs und zur Verbesserung des monetären Außenwirtschaftssystems zeigte sich, dass im Bankensystem die als Folge einer in den 1980er Jahren wenig durchdachten Reformpolitik aufgetretenen Fehlentwicklungen mit Hilfe wiederholter Kapitalinjektionen und durch Übertragung notleidender Kredite an Asset Management Corporations teilweise korrigiert werden konnten. Wenn auch berichtet wird, dass bei einigen Finanzinstitutionen der Anteil des Eigenkapitals an den risikogewichteten Aktiva die Baseler Normwerte erfüllt,[120] sind die Bilanzen der Staatsbanken, der ländlichen Kreditkooperativen, aber auch einiger Joint-Equity-Geschäftsbanken immer noch problematisch.

Weitere staatliche Entlastungen sind daher vorgesehen. So ist eine Kapitalinjektion in Höhe von 36 bis 48 Milliarden US-Dollar bei der Industrial and Commercial Bank, der größten staatlichen Geschäftsbank mit einem amtlich angegebenen Anteil der uneinbringbaren Kredite an den Gesamtkrediten von 20 Prozent (Ende 2004), im Gespräch. Das zugeschossene Kapital soll, ebenso wie die zuvor der Bank of China und der Bank of Communication zur Verfügung gestellten Mittel, den Devisen-

---

120   Woo (2002), S. 388.

reserven entnommen werden und der Industrial and Commercial Bank über die dem Staatsrat unterstehende Huijin Investment Corporation zur Verfügung gestellt werden.[121] Aus Sicht der Regierung lassen sich auf diese Weise die ansonsten möglicherweise „zu hohen" Devisenreserven sinnvoll einsetzen, wobei freilich zu klären ist, wie weit hierdurch die nahezu ausschließlich in Renminbi abgewickelten Geschäfte der Industrial and Commercial Bank abgestützt werden.

Im Hinblick auf die uneinbringbaren Kredite schneiden die Bank of China und die China Construction Bank besser ab. Nach amtlichen Angaben lagen die entsprechenden Anteile Ende 2004, nach den beiden Kapitalinjektionen im Jahr 1998 und 2003 und der Teil-Entschuldung in den Jahren 1999 und 2000 sowie 2004, bei nur mehr 5,1 und 3,7 Prozent.[122] Vor diesem Hintergrund war für diese Banken der Gang an die Hongkonger Börse geplant, mit dem Ziel, ausländische strategische Investoren zu gewinnen. Der Börsengang verzögert sich aber wohl wegen juristischer Einwände,[123] wegen der von amtlichen Angaben zur Höhe der uneinbringbaren Kredite abweichenden wesentlich höheren ausländischen Schätzungen und der zahlreichen in den beiden letzten Jahren bekannt gewordenen Korruptionsfälle, bei denen es sich um ausgesprochen hohe Summen handelte.[124]

Die weitere Entwicklung der faulen Kredite und damit auch der geschäftlichen Leistungsfähigkeit chinesischer Banken wird zum Teil recht skeptisch beurteilt. Zwar ist die Verringerung des Anteils der uneinbringlichen Kredite an den Gesamtkrediten auch auf die Reduzierung dieser Kredite zurückzuführen. Der wichtigste Grund ist indessen die starke Ausweitung des allgemeinen Kreditvolumens in den Jahren 2002 bis 2004 um 58

---

121 China Business Weekly, No. 200, 27. Dezember 2004, S. 1 u. 24.
122 Financial Times, 26./27. März 2005.
123 Financial Times, 29. März 2005.
124 International Herald Tribune, 29. März 2005.

Prozent.[125] Besonders stark nahmen die Kredite an den privaten Sektor zu. Hierbei handelt es sich um Privatunternehmen und zunehmend auch um Konsumenten, die den Kauf von Wohnungen und Autos finanzierten. Wohl nicht zuletzt als Folge der gegenüber bestimmten Branchen verordneten Kreditrestriktionen erschlossen die Geschäftsbanken in diesen Segmenten neue, allerdings risikoreiche Geschäftsfelder. So erfolgten entsprechende Kreditvergaben ohne ausreichende Risikokontrolle.[126]

Wenn sich nach einigen Jahren erweisen sollte, dass ein großer Teil der neu gewährten Kredite nicht zurückgezahlt werden kann, dieses Mal freilich nicht nur von Staatsbetrieben, sondern auch von Privatkunden, könnte der Anteil der uneinbringbaren Kredite unvermittelt wieder ansteigen. So wird vermutet, dass zurzeit bereits etwa die Hälfte der seit dem Jahr 2002 für den Kauf von Privatwagen gewährten Kredite in Höhe von 22 Milliarden US-Dollar nicht zurückgezahlt werden kann.[127] Banken wurden daher angewiesen, entsprechende Kreditgeschäfte zu reduzieren, wodurch Chinas Automobilproduzenten erhebliche Absatzschwierigkeiten bekamen.

Unter diesem Gesichtspunkt birgt eine Abflachung des Wachstums ganz besondere Gefahren, wie die Erfahrungen Japans nach dem Platzen der Spekulationsblase belegen. Wenn Firmen wegen Wachstumsschwächen zunehmend Schwierigkeiten haben, ihre Kredite zurückzuzahlen, könnten Banken sich wieder mit einem raschen Anwachsen der faulen Kredite konfrontiert sehen, die sich, wenn überhaupt, nur zu einem Bruchteil ihres Nennwertes veräußern lassen. So konnten die Asset Management Corporations bis Ende 2003 erst 30 Prozent

---

125 Financial Times, 4. April 2005.
126 Financial Times, 26./27. März 2005.
127 Financial Times, 4. April 2005.

der von ihnen übernommenen uneinbringbaren Kredite veräußern.[128]

Vor diesem Hintergrund erscheint die bei den Beitrittsverhandlungen zur WTO vereinbarte Bereitschaft, den chinesischen Markt im Jahr 2007 vollständig für ausländische Banken zu öffnen,[129] als mutig. Möglicherweise haben sich bis dahin ausländische Banken stärker an chinesischen Finanzinstituten beteiligt und zur Modernisierung des chinesischen Bankensystems beigetragen. Es könnte sein, dass sich chinesische Mitarbeiter in ausländischen Banken qualifizieren, um dann in leitende Positionen chinesischer Geschäftsbanken zu wechseln. Denkbar ist freilich auch, dass sich ausländische Banken auf die lukrativeren Geschäfte konzentrieren, die vielleicht nur 20 Prozent des Kreditmarktes ausmachen, aber 80 Prozent der auf den Kreditmärkten zu erwirtschaftenden Gewinne erbringen, und dass sich nur wenige chinesische Banken, vor allem einige der mit den Lasten der planwirtschaftlichen Vergangenheit weniger konfrontierten Joint-Equity-Geschäftsbanken, behaupten.

Aktien- und Anleihemärkte haben ein nicht unbedeutendes volkswirtschaftliches Gewicht bekommen. Sie sind aber nur in begrenztem Maße eine Alternative zur Bankenintermediation geworden und können die Banken daher bei der Informationsgewinnung und Risikoabwägung kaum entlasten. Aus diesem Grund hat die Konkurrenz der Kapitalmärkte die Banken nicht dazu verleitet, sich auf riskantere Kreditgeschäfte eingelassen, wie es in den 1980er Jahren in Japan zu beobachten war. Die oben beschriebenen riskanten Kreditgeschäfte haben ihre Ursachen vielmehr vor allem im regelwidrigen Verhalten der Banken bei der Suche nach neuen Geschäftsfeldern und letztlich in den noch unzureichenden Kontrollen der zur Bankenüberwachung eingerichteten China Banking Regulatory Commission.

---

128 Prasad (2004), S. 47.
129 OECD (2002), S. 233 ff.

Es ist indessen seitens der Wirtschaft ein zunehmendes Interesse an Kapitalmärkten zu beobachten, auch seitens ausländischer Investoren wie Goldman Sachs, Morgan Stanley und Deutscher Bank, seitdem diese als „Qualified Investors" Zugang zu grundsätzlich nur im Inland gehandelten Wertpapieren wie A Shares, Staatsanleihen und Firmenanleihen haben. Vor diesem Hintergrund kann nicht ausgeschlossen werden, dass Kapitalmärkte in kurzer Zeit zu ernsthaften Konkurrenten des Bankensystems werden und den Druck auf chinesische Banken erhöhen.

3 Monetäres Außenwirtschaftssystem

Eine Liberalisierung internationaler Kapitalströme ist nach allen vorliegenden Informationen nicht zu erwarten, zumal auch Beobachter vom IWF unter den gegenwärtigen Bedingungen Chinas entsprechende Schritte nicht zuletzt auf Grund der Erfahrungen während der asiatischen Finanzkrise nicht empfehlen. Das bedeutet aber, dass trotz aller ergriffenen Maßnahmen zur Verschärfung der Kapitalverkehrkontrollen das Überwachungssystem porös bleiben wird. Kapital, da illegal transferiert, wird daher nicht unbedingt nach den üblichen marktwirtschaftlichen Kriterien, sondern nach den Maßstäben derjenigen, die zu illegalen Transaktionen bereit sind, eingesetzt. Auch sind wieder illegale Kapitalabflüsse zu erwarten, vor allem dann, wenn sich die spekulativen Erwartungen im Hinblick auf eine weitere Aufwertung des Renminbi erfüllen sollten.

Vermutlich wird China trotz des mengenmäßigen Rückgangs seiner Exporte weiterhin hohe Exporteinnahmen erzielen. Seine Importe werden zunehmen, unter anderem die Einfuhren landwirtschaftlicher Produkte aus den USA. China hätte dann noch größere Beschäftigungs- und Umstrukturierungsprobleme im landwirtschaftlichen Sektor und in anderen Branchen zu lösen. Es kommt auf Anpassungen der Feinsteuerung in so sensiblen Bereichen wie dem Finanzsystem und dem monetären Außenwirtschaftssystem an. Entsprechende Anpassungen sind, wie die Erfahrungen vieler Länder, auch die zeitlich gar nicht so weit zurückliegenden Erfahrungen erfolgreicher Industrieländer belegen, wegen ihres außerordentlichen Abstimmungsbedarfes sehr zeitaufwendig. Insofern ist der Vorwurf, China treibe ordnungspolitische Reformen zu zögerlich voran, unberechtigt.

Literatur

Aoki, Masahiko/Hugh Patrick/Paul Sheard (1994), The Japanese Main Bank System: An Introductory Overview, in: Masahiko Aoki/Hugh Patrick (eds.): The Japanese Main Bank System, Oxford University Press, New York, S. 4–50.

Aoki, Masahiko (1997), Unintended Fit: Organizational Evolution and Government Design of Institutions in Japan, in: Masahiko Aoki/Hyung-Ki Kim/Masahiro Okuno-Fujiwara (eds.): The Role of Government in East Asian Economic Development, Clarendon Press, Oxford, S. 233–253.

Asia Times Online, Hong Kong.

Asian Wall Street Journal, Hong Kong.

Baums, Theodor (1994), The German Banking System and its Impact on Corporate Finance and Governance, in: Masahiko Aoki/Hugh Patrick (eds.): The Japanese Main Bank System, Oxford University Press, New York, S. 409–449.

Bei Duoguang (2004), Shehui zijin liudong he fazhan ziben shichang, in: Jingji Yanjiu, No. 10, Beijing, S. 84–93.

Bergsten, Fred (2005), An action plan to stop the market manipulators now, in: Financial Times, 15. März 2005, London, S. 13.

Business China, Beijing.

Cao Yong (2004), Yu ziben xiangmu kaifang youguan de jige wenti de zai sikao, in: Jinrong Yanjiu, No. 4, Beijing, S. 118–123.

Cauley, John/Todd Sandler (2001), Agency cost and the crisis of China's SOE's. A comment and further observations, in: China Economic Review, No. 12, S. 293–297.

CEQ Bulletin (2004), The D'long collapse: what it means (and doesn't mean), in: China Economic Quarterly, 15. September 2004, No. 8.

Chen, Chien-Hsun (2003), China's Banking Reform one Year after WTO Accession, in: EAI Background Brief, No. 158.

Chen, Chien-Hsun/Hui-Tzu Shih (2004), Banking and Insurance in the New China, Edward Elgar, Cheltenham UK/ Northampton, MA.
Chen, Siguang (2003), Gushi geng yao pochu „qian guize", in: Zhongguo Gaige, Nr. 11, S. 33 ff.
China Business Weekly, Beijing.
China Daily, Beijing.
China Economic Quarterly, Hong Kong.
China Monetary Policy Report (2004), Quarter One, China Financial Publishing House.
China Statistical Yearbook (2004), Beijing.
Cui, Zhiyuan (2002), How serious is China's fiscal deficit? Applying EU's "Golden Rule", in: EAI Background Brief, No. 127.
Cull, Robert/Lixin Colin Xu (2000), Bureaucrats, State Banks, and the Efficiency of Credit Allocation: The Experience of Chinese State-Owned Enterprises, in: Journal of Comparative Economics, No. 28.
Davidson, Paul (2003), Are fixed Exchange Rates the Problem and Flexible Exchange Rates the Cure?, in: Eastern Economic Journal, Vol. 29, No. 2.
Du Haiyan/Zhang Ronggang/Zhong Jiyin/Chen Yimin et al. (1989), Dangqian tonghuo pengzhang zhong de guoyou qiye xingwei, in: Jingji Yanjiu, No. 2, Beijing, S. 41–50.
Economic Quarterly (2004), Vol. 8, Issue 3.
Eichengreen, Barry/Michael Mussa (1998), Capital Account Liberalization: Theoretical and Practical Aspects, IMF Occasional Papers, No. 172, Washington, D.C.
Financial Times, London.
Gunter, Frank R. (2004), Capital flight from China: 1984–2001, in: China Economic Review, No. 15, S. 63–85.
Handelsblatt, Düsseldorf.
Holz, Carsten A. (2002), The impact of the liability – asset ration on profitability in China's industrial state-owned enterprises, in: China Economic Review, No. 13, S. 1–26.

Howson, Nicholas C. (2001), The AMC's Debt-for-Equity Swaps: Opportunities for Foreign Capital?, in: The China Business Review, Vol. 28, No. 5, S. 56–59.

Hu Xinghua/Wang Xiaoxian (2004), FDI moshi de guoji bijiao yu Zhongguo de xuanze, in: Caizheng Jingji, No. 11, Beijing, S. 70–76.

Huang Fan Zhang/Xu Zhong (2000), Carrying forward financial reform in China and promoting internationalization of financial supervision, in: Journal of Asian Economics, Vol. 2. Issue 1, S. 15–22.

Huang, Yiping (2002), Is meltdown of the Chinese banks inevitable?, in: China Economic Review, No. 13, S. 382–387.

International Herald Tribune, New York.

International Monetary Fund (1997), International Financial Yearbook, Washington, D.C.

International Monetary Fund, IMF Survey, Washington, D.C.

International Monetary Fund, Occasional Papers, No. 141, Monetary and Exchange System Reforms in China, in: An Experiment in Gradualism, Washington, D.C.

International Monetary Fund (1999), World Economic Outlook: International Financial Contagion, Washington, D.C.

International Monetary Fund (2004), People's Republic of China Staff Report for the 2004 Article IV Consultation. Approved by David Burton and Anthony R. Boote, Washington, D.C.

Ito, Takatoshi (2001), Growth, Crisis And The Future Of Economic Recovery In East Asia, in: Joseph E. Stiglitz/Yusuf Shahid (eds.): Rethinking The East Asian Miracle, World Bank and Oxford University Press, Washington, D.C., S. 56–94.

Ji, Chen/Stephen Thomas (2005), China's Bond Market Matures, Slowly Government bonds still dominate the market, in: The China Business Review, Vol. 32, No. 1, Washington, D.C.

Jiang Jianping (2003), Jiji caizheng zhengce: Huigu fenxi xuance, in: Caizheng Yanjiu, No. 3, Beijing, S. 40–42.

Jiang Xiaojuan (2004), Zhongguo jingji fazhan jinru xin jieduan: Tiaozhan yu zhanlüe, in: Jingji Yanjiu, No. 10, Beijing, S. 4–13.

Klenner, Wolfgang (2000), Transformationsprozesse und Funktionsfähigkeit von Mischsystemen. Beiträge zur Wirtschaft Ostasiens Nr. 5, Ruhr-Universität Bochum, Sektion Wirtschaft Ostasiens, Bochum.

Kosai Yutaka/Yoshitaro Okino (1980), Nihon keizai hatten, Tokyo.

Krugman, Paul (1999), International trade and financial markets, in: Japan and the World Economy 11, Amsterdam, S. 435–438.

Lardy, Nicholas R. (1998), China's unfinished economic revolution, Washington, D.C.

Lardy, Nicholas R. (2002), Integrating China into the Global Economy, Brookings Institution Press, Washington, D.C.

Li De (2004), Woguo yinhangye chuzhi bu liang zichan de silu he tujing, in: Jinrong Yanjiu, No. 3, Beijing, S. 28–36.

Li, Junjie (2004), The Chinese Banking Sector: Challenges and Prospects in the Coming Years, in: China & World Economy, 38–49, Vol. 12, No. 3, Institute of World Economics and Politics Chinese Academy of Social Sciences, S. 38–49.

Li Yaxin (2004), Zhengmian jili: Guoyou yinhang bu liang zichan chuzhi de zhidu yu jishu chuangxin, in: Jinrong Yanjiu, No. 2, Beijing, S. 21–29.

Li, Zhang (2004), Kao shenma wenze gushi jianguanzhe, in: Zhongguo Gaige, No. 11, S. 35–37.

Lin, Shuanglin (1999), China's Return to expansionary fiscal Policy, in: EAI Background Brief, No. 27.

Lin, Shuanglin (2002), China's Government Debt: How Serious?, in: EAI Background Brief, No. 133.

Liu Renwu/Wu Jingze (2004), Huobi zhengce kuangjia de guoji qushi yu woguo mianlin de xuanze, in: Jinrong Yanjiu, No. 2, Beijing, S. 95–101.

Liu Zhenlin/Liu Aiwen (2003), Renminbi huilü zhende digule ma, in: Zhongguo Gaige, No. 11, Beijing, S. 60–61.

Liu, Zhiqiang (2000), Progress in China's Banking Sector Reform, in: EAI Background Brief, No. 62.

Lu, Ding (2004), Why and how China maintains RMB's Stability, in: EAI Background Brief, No. 178.

McKinnon, Ronald I. (2001), After the Crisis, the East Asian Dollar Standard Resurrected: An Interpretation of High-Frequency Exchange Rate Pegging, in: Joseph E. Stiglitz/ Yusuf Shahid (eds.): Rethinking the East Asian Miracle, World Bank and Oxford University Press, Washington, D.C.

Mehran, Hassanali/Marc Quintyn/Tom Norman/Bernard Laurens (1996), Monetary and Exchange System Reforms in China. An Experiment in Gradualism, International Monetary Fund, Washington, D.C.

Miwa, Yoshiro/J. Mark Ramseyer (2001), The Fable of the Keiretsu, CIRJE-F-109, Tokyo.

Nakamura, Takafusa (1995), The Postwar Japanese Economy. Its Development and Structure, 1937–1994, University of Tokyo Press, Tokyo.

Nakaso, Hiroshi/Morichika Hattori (2002), Changes in Bank Behavior During Japan's Financial Crisis, in: Omotunde E.G. Johnson (ed.): Financial Risks, Stability, and Globalization, International Monetary Fund, Washington, D.C., S. 380–414.

Nolan, Peter (2001), China and the global Economy, Palgrave, New York.

Norton, Patrick M./Howard Chao (2001), Mergers and Acquisitions in China, in: The China Business Review, September/ October.

OECD (2002), China in the World Economy, The Domestic Policy Challenges, OECD, Paris.

Ogura, Masatatsu/Naoyuki Yoshino (1984), Zeisei to zaisei toyushi, in: Ryutaro Komiya/Masahiro Okuno/Kotaro Suzumura (eds.): Nihon no sangyo seisaku, Tokyo.

Peng Hui (2004), Bu liang zichan zhengquanhua de jiaoyi jiegou fenxi, in: Jinrong Yanjiu, No. 4, Beijing, S. 23–36.

Perkins, Dwight H. (2001), Industrial And Financial Policy In China And Vietnam: A New Model Or A Replay Of The East Asian Experience?, in: Joseph E. Stiglitz/Yusuf Shahid (eds.): Rethinking The East Asian Miracle, World Bank and Oxford University Press, Washington, D.C., S. 247–294.

Prasad, Eswar (ed.) (2004), China's Growth and Integration into the World Economy. Prospects and Challenges, IMF, Washington, D.C.

Prasad, Eswar/Shang-Jin Wei (2005), The Chinese Approach to Capital Inflows, IMF, Washington, D.C.

Qian, Yingyi (2001), Government Control In Corporate Governance As A Transitional Institution: Lessons From China, in: Joseph E. Stiglitz/Yusuf Shahid (eds.): Rethinking The East Asian Miracle, World Bank and Oxford University Press, Washington, D.C., S. 295–321.

Qian Xiaoan (2004), Shichanghua gaige zhong de zijin peizhi jizhi, jiegou jiqi yingxiang, in: Jinrong Yanjiu, No.3, Beijing, S. 16–27.

Reszat, Beate (2002), Developing Financial Markets in East Asia – Opportunities and Challenges in the 21st Century, HWWA, Hamburg.

Renmin Ribao, Beijing.

Shi Huaqiang (2004), Zhongguo guoyou shangye yinhang bu liang daikuan nei shengxing: Yige jiyu shuangchong ruan yusuan yueshu de fenxi kuangjia, in: Jinrong Yanjiu, No. 6, Beijing, S. 1–16.

Song Guoqing (1998), Shuang gui tizhi xia de huobi zhengce, in: Jingji Yanjiu, No. 8, Beijing, S. 18–25.

Song, Lina/He Du (1990), The role of township governments in rural industrialization, in: William Byrd, Lin Qingsong (eds.): China's rural industry: Structure, development and reform, New York.

South China Morning Post, Hong Kong.

Stephen, David/Michael Fischer (2002), On Internal Ratings, Models, and the Basel Accord. Issues for Financial Institutions and Regulators in Measuring and Managing Credit Risk, in: Omotunde E.G. Johnson (ed.): Financial Risks, Stability, and Globalization, International Monetary Fund, Washington, D.C., S. 35–61.

Sundararajan, V./Akira Ariyoshi/Inci Ötker-Robe (2002), International Capital Mobility and Domestic Financial System Stability: A Survey of Issues, in: Omotunde E.G. Johnson (ed.): Financial Risks, Stability, and Globalization, International Monetary Fund, Washington, D.C., S. 426–472.

Suzuki, Yoshio (1980), Money and Banking in Contemporary Japan, Yale University Press, New Haven/London.

The People's Bank of China (2005), Public Announcement of the People's Bank of China on Reforming the RMB Exchange Rate Regime, 21. Juli 2005.

Tong, Sarah Y. (2004), US-China Trade Balance: Why such a huge Discrepancy?, in: EAI Background Brief, No. 180.

UNCTAD (1997), World Investment Report, New York/Geneva.

UNCTAD (2001), World Investment Report, Promoting Linkages, New York.

Volcker, Paul (1999), Recent turmoil in the financial markets, in: Japan and the World Economy 11, Amsterdam, S. 423–424.

Wan Zheng/Wei Chong (1955), Jianli xiandai qiye zhidu de ba ge nandian, in: Jingji Guanli, No. 1, Beijing, S. 29–31.

Wen Jiandong (2004), Cong IMF he WTO guiding kan renminbi huilü, in: Jinrong Yanjiu, No. 6, Beijing, S. 27–34.

Wenkui, Zhang (2002), Developments of the State-owned Enterprise Reform in Recent Years and Some Policy Recommendations, in: China Development Review, Vol. 4, No. 3, S. 87–92.

Wiemer, Calla/Jikang Zhang (2004), From Capital Flight to Speculative Influx (I): The Tidal Shift in China's Balance of Payments, in: EAI Background Briefs, Singapore.

Wiemer, Calla/Jikang Zhang (2004a), From Capital Flight to Speculative Influx (II): Tracking Hot Money Flows into China, in: EAI Background Briefs, Singapore.

Wong, John (1997), Reforming China's state-owned Enterprises: Problems and Prospects, in: EAI Background Brief, No. 3.

Wong, John (1997), Will China be the next Financial Domino?, in: EAI Background Brief, No. 4.

Wong, John/Chien-Hsun Chen (2003), How serious are China's non-performing Loans with its State Banks?, in: EAI Background Brief, No. 159.

Wong, Poh Kam/Ng Chee Yuen (1997), Singapore's Industrial Policy to the Year 2000, in: Seiichi Masuyama/Donna Vandenbrink/Chia Siow Yiue (eds.): Industrial Policies in East Asia, Nomura Research Institute, Institute of Southeast Asian Studies, Tokyo Club Foundation for Global Studies, Tokyo, S. 122–141.

Woo, Wing Thye (2002), Some unorthodox thoughts on China's unorthodox financial sector, in: China Economic Review, No. 13, S. 388–393.

World Bank (1997), World Development Report, New York.

World Bank (1993), The East Asian Miracle. Economic Growth and Public Policy, Oxford University Press, Washington, D.C.

Xiao Minjie (1997), The Stable Development of China's Stock Market, JETRO China Newsletter, No. 129, Vol. 4.

Xin Sheng (2004), "Zhongguo jingjixue" de dansheng, in: Zhongguo Gaige, No. 11, S. 19–24.

Xu, Yingfeng (2000), China's exchange rate policy, in: China Economic Review, No. 11, S. 262–277.

Xu Zhuanhua (2004), Woguo jinrong jigou shichang tuichu jizhi yanjiu, in: Caijing Yanjiu, No. 9, Beijing, S. 25–28.

Yang Fan (1995), 1995 nian renminbi huilü yu waihui shichang de fenxi yuce, in: Guoji Shangwu, No. 2, Beijing, S. 38–44.

Yusuf, Shahid (2001), The East Asian Miracle at the Millenium, in: Joseph E. Stiglitz/Yusuf Shahid (eds.): Rethinking The East Asian Miracle, World Bank and Oxford University Press, Washington, D.C., S. 1–53.

Zeng Wuyi/Mo Shanxin/Zhang Hongsheng (1997), Woguo liyong waizi xiaoguo de hongguan fenxi, in: Tongji Yanjiu, No. 4, Beijing, S. 3–8.

Zhang, Chunlin (2004), Corporate Governance: What is it and why does it matter for China?, Beijing Representative Office Of World Bank, Beijing.

Zhang Jin (2005), Renminbi qiangshi lun, in: Jinrong Yanjiu, No. 6, Beijing, S. 35–43.

Zhang Xiaopo (1999), Renminbi junheng huilü de lilun yu hengxing, in: Jingji Yanjiu, No. 12, Beijing, S. 70–77.

Zhao Yelong (2000), Tigao guozhai shichang liudongxing taolun, in: Zhongguo Zhengquanbao, Beijing, 11. September 2000, S. 9.

Zhongguo Gaige, Beijing.

Zhongguo Jingji Nianjian (1997), Beijing.

Zhou, Mi/Xiaoming Wang (2000), Agency cost and the crisis of China's SOE, in: China Economic Review, No. 11, S. 297–317.

Zhu Min/Huang Jinkao (1999), Lun Zhongguo de zichan guanli gongsi, in: Jingji Yanjiu, No. 12, Beijing, S. 3–9.

ORDO

Jahrbuch für die Ordnung von Wirtschaft und Gesellschaft

Begründet von WALTER EUCKEN und FRANZ BÖHM

Herausgegeben von

Hans Otto Lenel	Martin Leschke	Razeen Sally
Helmut Gröner	Ernst-Joachim	Alfred Schüller
Walter Hamm	Mestmäcker	Viktor Vanberg
Ernst Heuß	Wernhard Möschel	Christian Watrin
Erich Hoppmann	Josef Molsberger	Hans Willgerodt
Wolfgang Kerber	Peter Oberender	

Band 56: 2005. 425 S., geb. € 76,- / sFr 127,-. ISBN 3-8282-0327-2

Inhaltsübersicht Band 56:

Christian Watrin, Hayeks Theorie einer freiheitlichen politischen Ordnung

Walter Hamm, Entartung des politischen Wettbewerbs

Paul Kirchhof, Freiheitlicher Wettbewerb und staatliche Autonomie – Solidarität

Viktor Vanberg, Auch Staaten tut Wettbewerb gut: Eine Replik auf Paul Kirchhof

Paul Kirchhof, Der Staat tut dem Wettbewerb gut

Alfred Schüller, Soziale Marktwirtschaft als ordnungspolitische Baustelle – Die Synthese zwischen "Freiburger Imperativ" und "Keynesianische Botschaft" ein nationalökonomischer Irrweg

Ulrich Fehl, Warum Evolutorische Ökonomik?

Carl Christian von Weizsäcker, Hayek und Keynes: Eine Synthese

Manfred E. Streit, Die Soziale Marktwirtschaft – zur Erosion einer wirtschaftspolitischen Konzeption

Drieu Godefridi, The Anarcho-Libertarian Utopia – A Critique

Wolf Schäfer, Exit-Option, Staat und Steuern

Katarina Röpke/Klaus Heine, Die 26. Ordnung – Vertikaler Regulierungswettbewerb, supranationale Rechtsangebote und europäischer Binnenmarkt

Roland Vaubel, Das Papsttum und der politische Wettbewerb in Europa: Eine Übersicht

Norbert Berthold/Sascha von Berchem, Lokale Solidarität – die Zukunft der Sozialhilfe?

Andreas Freytag/Simon Renaud, Langfristorientierung in der Arbeitsmarktpolitik

Dieter Schmidtchen/Roland Kirstein, Mehr Markt im Hochschulbereich: Zur Effizienz und Gerechtigkeit von Studiengebühren

Jürgen Zerth, Ideal der flächendeckenden Versorgung im Gesundheitswesen: Idee oder Fiktion?

Hartmut Berg/Stefan Schmitt, Zur Bestreitbarkeit von Märkten: Low-Cost-Carrier als neue Anbieter auf dem EU-Luftverkehrsmarkt

 Stuttgart

Zukunft der Sozialen Marktwirtschaft
Schriftenreihe der Ludwig-Erhard-Stiftung

Mensch, Markt und Staat
Plädoyer für eine Wirtschaftsordnung für unvollkommene Menschen
von Erich Weede

2003. 157 S., kt. € 14,90 /sFr 26,80. (ISBN 3-8282-0256-X)
(Zukunft der Sozialen Marktwirtschaft, Bd. 4)

Unser Wissen ist begrenzt. Menschen – auch Amtsinhaber – neigen zu Irrtümern. Gerade weil die Menschen unvollkommen sind, müssen Wirtschaft und Gesellschaft so eingerichtet sein, dass falsche Entscheidungen auch wieder korrigiert werden können. Je freiheitlicher Wirtschaft und Gesellschaft sind, je mehr die Koordination menschlichen Handelns dem Markt überlassen wird, je weniger Macht beim Staat konzentriert wird, desto besser kann das menschliche Wissen genutzt werden, desto leichter können Irrtümer korrigiert werden.

Megafusionen, Wettbewerb und Globalisierung
Praxis und Perspektiven der Wettbewerbspolitik
von Oliver Budzinski und Wolfgang Kerber

2003. 123 S., kt. € 12,90 /sFr 23,50. (ISBN 3-8282-0257-8)
(Zukunft der Sozialen Marktwirtschaft, Bd. 5)

Viele Unternehmen setzten auf Größe, um in der globalen Wirtschaft mithalten zu können. Megafusionen sollen aus nationalen Anbietern Gobal Player machen. Die volkswirtschaftlichen Konsequenzen der "Fusionitis" sind umstritten. Ist der Wettbewerb in Gefahr? Kann Wettbewerbspolitik die wirtschaftliche Macht supranationaler Großkonzerne kontrollieren?

 *Stuttgart*

Ordnungsökonomische Grundlagen nationaler und internationaler Wirtschaftspolitik

Herausgegeben von
Thomas Apolte, Rolf Caspers und Paul J. J. Welfens
SCHRIFTEN ZU ORDNUNGSFRAGEN DER WIRTSCHAFT Band 74
(hrsg. v. G. Gutmann, H. Hamel, H. Leipold, A. Schüller, H. J. Thieme)
2004. 336 S., geb. € 34,- / sFr 58,90. ISBN 3-8282-0293-4

Das weltwirtschaftliche Umfeld verändert sich rasant: Informationstechnologien vernetzen die Volkswirtschaften der Welt immer engmaschiger, internationale Institutionen entwickeln neue Regelwerke und aufstrebende Volkswirtschaften stellen die Vormachtstellung der traditionellen Industriestaaten zunehmend in Frage. Derweil kämpfen gerade diese Länder mit Altlasten der Wirtschafts- und Sozialpolitik und schrecken vor dem notwendigen Strukturwandel zurück.

Die raschen Veränderungen erfordern eine stärkere ordnungspolitische Ausrichtung der nationalen und internationalen Wirtschaftspolitik. Mit diesem Buch sollen hierzu Orientierungshilfen gegeben werden.

Inhaltsübersicht:

Dieter Bender, Currency Board, Dollarisierung und Euroisierung aus Sicht der monetären Außenwirtschaftstheorie

Paul J.J. Welfens, Digitale Soziale Marktwirtschaft: Probleme und Reformoptionen im Kontext der Expansion der Informations- und Kommunikationstechnologie

Rolf Caspers/Petra Kreis-Hoyer, Internationale Finanzmärkte als Sanktionsmechanismen nationaler Wirtschaftspolitik

Albrecht F. Michler und H. Jörg Thieme, Zur Konzeption der EZB-Politik: Anpassungserfordernisse unter veränderten Rahmenbedingungen?

Thomas Apolte, Alterungsprozesse und rentenpolitische Reformen in ausgewählten EU-Ländern

Thorsten Sundmacher, Systemwandel in kleinen Schritten? Das Beispiel der Integrierten Versorgung im System der Gesetzlichen Krankenversicherung

Ulrich Fehl/Joachim Schwerd, Das Kyoto-Protokoll – Emissionshandel als Problem internationaler Wirtschaftspolitik

Manfred Tietzel/Christian Müller, Bastiats "negative Eisenbahn" – Ein ordnungspolitisches Lehrstück

Ullrich Heilemann, Erfolg in der wirtschaftswissenschaftlichen Politikberatung: zwei Beispiele

Wolf Schäfer, Politische und wirtschaftliche Machtverhältnisse in der EU

Uwe Vollmer, Institutionelle Struktur des Eurosystems in einer erweiterten EU

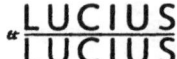 Stuttgart

Theorie der Wirtschaftspolitik
von Manfred E. Streit

6., durchgesehene und ergänzte Auflage

2005. XVIII/457 S., kt. € 34,90 / sFr 60,40
wisu-texte. UTB 8298 (ISBN 3-8252-8298-8)

Das Buch verknüpft Elemente der Allgemeinen Wirtschaftspolitik mit der ökonomischen Theorie sowie der Entscheidungs- und Wissenschaftstheorie. Es verdeutlicht, dass es auf die Grundfragen des gesellschaftlichen Wirtschaftens keine allein wissenschaftlich begründeten, sondern nur politische Antworten geben kann. Das gilt auch für die Frage Marktsteuerung versus wirtschaftspolitische Lenkung und die unübersehbare Spannung zwischen den Zielen des sozialen Fortschritts und den tatsächlichen Problemlösungsmöglichkeiten. Das Primat der Politik sollte unangetastet bleiben.

Das nun in sechster und überarbeiteter Auflage vorliegende Buch erschien erstmals vor 25 Jahren.

Neue Politische Ökonomie
von Guy Kirsch

5. überarbeitete und erweiterte Auflage

2004. XXVIII/464 S., kt. € 32,90 / sFr 57,10
UTB 8272. ISBN 3-8252-8272-4

Dies ist nicht nur ein Buch über Politik, sondern auch ein politisches Buch. Anhand der wichtigsten theoretischen Ansätze der Neuen Politischen Ökonomie erörtert es die Gefahren für die Freiheit des Einzelnen, die heute von der privaten Gewalt und der staatlichen Herrschaft ausgehen. Die Neuauflage trägt den neueren theoretischen Entwicklungen und den realen Herausforderungen der Gegenwart Rechnung, indem sie unter anderem Verbrechen und Verbrechensbekämpfung, Angst, Medien, Bürgergesellschaft und zwischenmenschliche Vertrauensbeziehungen miteinbezieht.

Das Buch wendet sich an Studierende der Wirtschaftswissenschaften und der politischen Wissenschaft sowie an alle, die als Bürger die Logik des politischen Handelns verstehen und nutzen wollen.

 *Stuttgart*

Bei Fragen zur Produktsicherheit wenden Sie sich bitte an:
If you have any questions regarding product safety,
please contact:

Walter de Gruyter GmbH
Genthiner Straße 13
10785 Berlin
productsafety@degruyterbrill.com